彩插

图1-1 不同年龄段的自然教育学习

图1-2 自然教育的重点对象是青少年

图1-3 1972年的联合国人类环境会议

22 October 1975.

THE BELGRADE CHARTER:
A FRAMEWORK FOR ENVIRONMENTAL EDUCATION

I. Environmental Situation

Our generation has witnessed unprecedented economic growth and technological progress which, while bringing benefits to many people, have also caused severe social and environmental consequences. Inequality between the poor and the rich among nations and within nations is growing and there is evidence of increasing deterioration of the physical environment in some forms on a world-wide scale. This condition, although primarily caused by a relatively small number of nations, affects all of humanity.

The recent United Nations Declaration for a New International Economic Order calls for a new concept of development - one which takes into account the satisfaction of the needs and wants of every citizen of the earth, of the pluralism of societies and of the balance and harmony between humanity and the environment. What is being called for is the eradication of the basic causes of poverty, hunger, illiteracy, pollution, exploitation and domination. The previous pattern of dealing with these crucial problems on a fragmentary basis is no longer workable.

It is absolutely vital that the world's citizens insist upon measures that will support the kind of economic growth which will not have harmful repercussions on people - that will not in any way diminish their environment and their living conditions. It is necessary to find ways to ensure that no nation should grow or develop at the expense of another nation and that the consumption of no individual should be increased at the expense of other individuals. The resources of the world should be developed in ways which will benefit all of humanity and provide the potential for raising the quality of life for everyone.

We need nothing short of a new global ethic - an ethic which espouses attitudes and behaviour for individuals and societies which are consonant with humanity's place within the biosphere; which recognizes and sensitively responds to the complex and ever-changing relationships between man and nature and between man and man. Significant changes must occur in all of the world's nations to assure the kind of rational development which will be guided by this new global ideal - changes which will be directed

Adopted by the Unesco-UNEP International Workshop on Environmental Education at Belgrade, 13-22 October 1975.

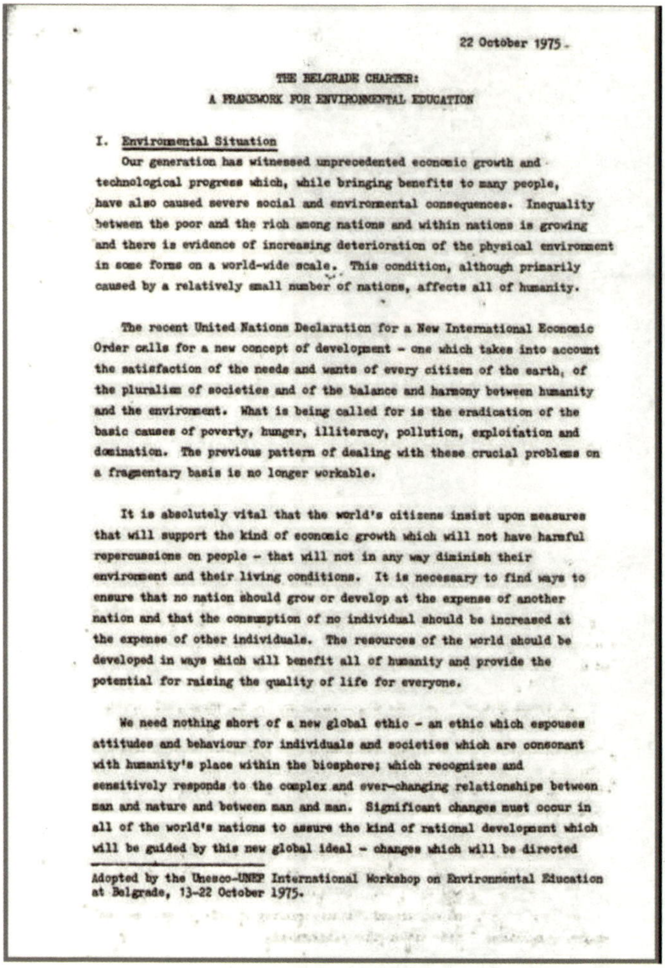

图1–4　1975年《贝尔格莱德宪章》

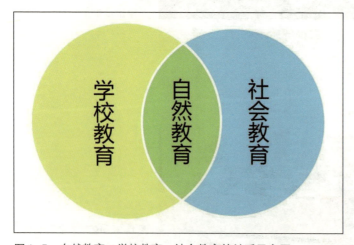

图1–5　自然教育、学校教育、社会教育的关系示意图

图1-6　学校内部自然教育

图1-7　学校外部自然教育

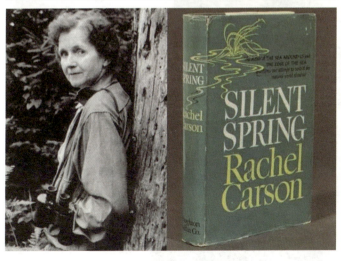

图1-8　《寂静的春天》

图2-1 《只有一个地球》《增长的极限》和《我们共同的未来》

图2-2 查德·洛夫和其畅销书《林间最后的小孩》

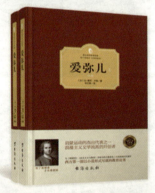

图3-1 卢梭及《爱弥儿》一书

图3-2 丹麦的妈妈带着孩子森林徒步游戏

图4-1 1992年联合国环境与发展大会

图5-1 美国黄石国家公园峡谷区

图5-2 香港湿地公园

图5-3 北京八达岭森林公园

图5-4 贵阳长坡岭森林公园

图5-5 贵阳长坡岭森林公园自然教育活动及德国自然教育模式

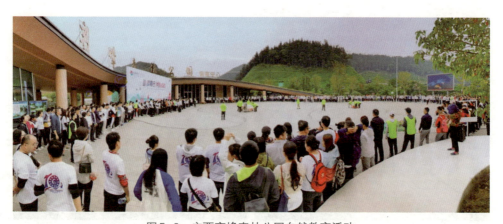

图5-6 广西高峰森林公园自然教育活动

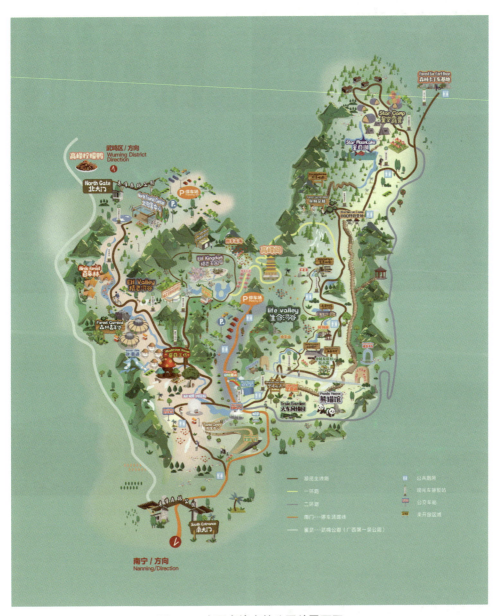

图5-7 广西高峰森林公园总平面图

图5-8　开展自然教育相关活动

图6-1　武夷山国家公园

图6-2　百花山自然保护区

图6-3　北京八达岭国家森林公园

图6-4　张掖丹霞地质公园

图6-5　黄果树国家湿地公园

图6-6　北京植物园

图6-7　北京南海子郊野公园

图6-8　儿童阶段自然教育行为

图6-9　青少年阶段的自然教育行为

图6-10　成年阶段的自然教育行为

图6-11　野外调查和树叶观察活动

图6-12　植物年轮观察活动

图6-13　大海陀自然保护区自然探险

图6-14　自然教育解说员

图6-15　中林联自然教育学校在库尔勒市包头湖农场开展活动

彩插

图6-16　路径指示牌

图6-17　自然教育解说牌

图6-18　自然教育服务中心

11

图6-19 亚布力虎峰林场景区步道

图6-20 湖边安全救生圈

图6-21 室内烟雾报警器及消防阀

图6-22 应急救援设施

彩插

图6-23 科普展览柜台

图6-24 内蒙古阿尔山国家森林公园鹿鸣湖

图6-25 冰山梁风景区观景平台

图6-26　动物标本馆　　　　　图6-27　北京怀柔星空营地游憩设施

图6-28　苏州太湖国家湿地公园宣传折页

图8-1　生态环境教育信息服务平台

图8-2 自然教育学校APP首页示例

图8-3 中林联林业规划设计研究院微信公众号自然教育专题

图8-4 某抖音号自然教育专题

图8-5 二维码和AI在自然教育中的应用

图8-6 AR技术在自然教育中的应用

图8-7 VR技术在自然教育中的应用

全国自然教育总校推荐用书
自然教育理论与实践丛书

自然教育指南

ZI RAN JIAO YU ZHI NAN

主编单位　北京中林联林业规划设计研究院有限公司
主　　编　宋维明　高申奇

中国林业出版社
China Forestry Publishing House

图书在版编目（CIP）数据

自然教育指南 / 北京中林联林业规划设计研究有限公司，宋维明，高申奇主编. -- 北京：中国林业出版社，2021.8

（自然教育理论与实践丛书）

ISBN 978-7-5219-1077-3

Ⅰ. ①自… Ⅱ. ①北… ②宋… ③高… Ⅲ. ①自然教育—指南 Ⅳ. ① G40-02

中国版本图书馆 CIP 数据核字（2021）第 065510 号

出版发行 中国林业出版社（100009　北京市西城区刘海胡同7号）
网　　址 http://www.forestry.gov.cn/lycb.html
印　　刷 河北京平诚乾印刷有限公司
版　　次 2021年8月第1版
印　　次 2021年8月第1次印刷
开　　本 710mm×1000mm　1/16
印　　张 9.75黑白　1彩插
字　　数 200千字
定　　价 58.00元

未经许可，不得以任何方式复制或抄袭本书之部分或全部内容。

版权所有　侵权必究

《自然教育指南》编委会

主编单位：北京中林联林业规划设计研究院有限公司

主　　编：宋维明　高申奇

副 主 编：刘　霞　杨　超　姚建勇　刘　涛　刘婉凝　刘　畅　钱　滕　朱春林

参编人员：高　磊　王　浩　宋林书　裴韬武　刘　茜　叶　茸　吴思明　黄仕平
　　　　　罗惠宁　高　昆　郭金鹏　岑巨延　芮飞燕　李喜喜　赵秋月　宋雪峰
　　　　　王博臻　邱　琪　卜祥祺　王　颖　王富永　周红英　伍禄军　梁炜文
　　　　　韦艳媚　张　宇　陈　征　安金明　贾艳利　李云峰

主　　审：邓立斌

宋维明简介：教授，博士生导师，北京林业大学原校长。长期从事林业产业经济、企业管理等领域研究和教学，兼任工信部中小企业案例研究中心专家委员会主任、中国林业产业联合会副会长、中国生态经济学学会林业生态经济专业委员会主任、自然教育产业国家创新联盟理事长、生态与健康研究院执行院长、中林联智库自然教育专家。

高申奇简介：高级经济师，北京中林联林业规划设计研究院有限公司总经理，林业生态经济发展国家创新联盟副理事长兼秘书长、中国林业产业联合会生态修复分会副理事长、中国林业工程协会团体标准评审委员会委员。

主编单位简介：北京中林联林业规划设计研究院有限公司（简称"中林联"）是在中林联智库支持下，组建的一家服务于自然资源、生态、环境等领域的综合性第三方咨询机构，具备林业调查规划设计、测绘、工程咨询、水土保持等多项专业资质。总部设于北京，国内有20家分支机构，专业人员200多人，硕士及博士占40%以上，具有林业、测绘、生态、园林景观等专业高级人才。公司秉持"服务生态建设，着力绿色发展"的企业使命，致力于为政府、行业主管部门、企业等客户提供系统、专业、有效的解决方案，提供自然资源相关领域的调查、测绘、规划、设计、培训、会议、专业软件开发、技术开发推广、重大行业问题独立研究、行业标准编制等服务。

Foreword 序

近年来，自然教育作为我国素质教育的重要组成部分，在国家政策支持鼓励以及社会团体、企业、个人的积极参与创新努力下，利用各类自然保护地丰富的森林植被、古树名木、野生动物、湿地环境、地质遗迹等资源开展自然教育活动，已成为一个蓬勃发展、备受大众青睐的新兴行业。山林是人类心灵的故乡、人类最原始的向望，田野是人类心灵的治疗师、生命动力的源头，最好的自然教育就是在大自然中，以自然为教室，以原生态的环境为依托，可让体验者在生态自然体系下，自我提升，释放潜在的能量，自立、自理、自信、自强，培养一生的优质生存能力，使生命更加绚丽绽放，让人生散发自然的芬芳。

但也应该看到，与丹麦、德国、日本等一些自然教育发展水平较高的国家相比，自然教育在我国还处于起步、探索、发展阶段，在场地选择、师资培养、课程规划、受教群体等方面还存在着一定差距。北京中林联林业规划设计研究院有限公司联合北京林业大学原校长宋维明教授等众多专家编写的《自然教育指南》一书，可谓应需而出，恰逢其时。该书历经编写者的字斟句酌、反复打磨，已被列为"全国自然教育总校推荐用书"，涵盖了国内外自然教育的起源与发展、优秀实践案例、自然教育基本要素及实操管理、自然教育政策体系、智慧化的自然教育、自然教育的反思与展望等。期待我们的倾心付出，对于自然教育的企业、从业人员系统学习了解自然教育有一定的示范、参考价值。

"生态兴则文明兴，青年强则林业强"，青少年作为自然教育的主要群体，是自然保护事业的未来和希望。《自然教育指南》一书的编辑出版，也是我们践行初心使命，大力推进自然教育进而助力素质教育新路径的探索，希望为中华民族伟大复兴培养高素质创新人才，为我国自然教育科学有序发展尽到我们应尽的一份责任。让我们以自然为师，遵循自然之道，开发智慧、提升慈心，实现返璞而归真。到森林里去，到草原上去，到湿地中去，到沙漠上去……借助科学有效的引导方法，打开"五感"去看、去听、去摸、去闻、去尝、去探索、去感知、去领悟自然世界的真谛,奠定热爱自然、尊重自然、顺应自然、保护自然的生态观、人生观、价值观,以圆满成就人与自我、人与他人、人与自然的和谐发展!

北京中林联林业规划设计研究院有限公司　总经理

2021 年 7 月

Preface 前言

纵观古今人与自然关系的演变,大致经历了史前文明的崇拜自然、农业文明阶段的改造自然、工业文明阶段的征服自然、后工业文明阶段的人与自然协调可持续发展几个从对立到统一的过程。虽然两千五百年前的儒家就已提出"天人合一"和"生生不息",强调人与自然是一个整体,天、地、人三者互惠共生;然而,直到近几年伴随着城市化进程,城市人群的"自然缺失症"越来越显现出来,我们才重新意识到,我们必须重新回到自然中,在花、草、树、土壤、昆虫等的包围下,感受自然的天性、感受自己的天性,重新从自然中汲取能量。

尽管人类是大自然的"杰作",但也是自然进化的产物。人类在进化上与自然界的生命物种既有着同源性,又与其他生命存在相同程度不一的基因。城市文明在给予我们便利的同时,不经意间也遮蔽了我们走回自然的林荫小道、剥夺了我们了解其他生命体的权利,让我们很多人患上了"自然缺失症"。与自然隔离,我们只能在二维的书本中认识花草、只能隔着玻璃窗观察泡在福尔马林中的标本;与自然隔离,我们难以建立与自然的联结,难以形成尊重他人、尊重生命的世界观,难以遵照自然规律行事;与自然隔离,我们难以践行"人与自然和谐共生"的理念,难以成为一个人格完善的人。因此,回归自然、体验自然、认识自然、爱护自然,与自然和谐共生就成为今天人们改变生活方式,提高生活质量的迫切需求,而能够提供满足这些需求供给的自然教育,便应运而生,成为有着无限发展空间的新兴事业。

那么,何为自然教育?从字面上看,"自然教育"就是"自然"+"教育",或者到自然中进行教育过程;从群众普遍认知上看,"自然教育"就是"针对孩子缺乏自然体验而提供的户外实践活动"。显然,就"自然教育"这个新生事物来说,无论是教育需求者还是教育供给者,都还存在这样或那样的片面认知。人们迫切需要通过一定媒介、途径和方式去了解和认识诸如:为什么自然教育能帮助我们摆脱"自然缺失症"?自然教育的对象、内容、形式和场所都是什么?如何才能保证自然教育的供给符合自然教育需求,保证自然教育本质要求的效果等。基于此背景,《自然教育指南》编写团队,全面梳理和研究了国内外有关自然教育的理论与实践,结合团队成员自己的创新性思考，编写了这本《自然教育指南》，尝试为自然教育的需求者提供一本认识自然教育的科普读物，为自然教育供给者提供一本做好自然教育经营的指南。

为了体现适用于读者入门学习的特点，本书力求内容简洁，知识点明确，理论结合实际。在内容结构上，首先对自然教育的概念及内涵做出了初步论述，在此基础上探讨了自然教育的意义与作用；其次，在自然教育的实践部分，梳理了国内外自然教育的产生与发展历程，介绍了一些优秀的国内外自然教育案例，并归纳提炼出了开展自然教育所必备的基本要素与准备工作和基本原则；最后，对自然教育的发展进行了展望，对政策支持体系、科技与自然教育的关系进行了探讨。

本书适用于政策制定者与学者作为背景知识性读物，也可作为大中专院校相关课程的辅助性教参读物，同时适合自然教育的从业人员以及对自然教育感兴趣的普通大众作为一般科普性读物。

本书尊重所有引用和参考资料、案例的提供者和作者，尽可能在参考文献目录中标明所引用理论、观点和案例的出处，并衷心感谢这些为我们成书提供了背后支持的学者和实践者。但是由于时间仓促，个别案例与引用未能及时联系到原作者，也请他们谅解。同时，鉴于编写者在学术水平及实践经验方面的局限性，书中难免存在疏漏或不严谨之处，敬请广大读者批评、指正。

编　者

2021 年 1 月 8 日

Contents 目 录

第一章　自然教育的内涵 …………………………………………… 1
第一节　自然教育的定义 …………………………………………… 1
第二节　自然教育的特征 …………………………………………… 2
第三节　自然教育与其他教育的关系 ……………………………… 4

第二章　自然教育的意义与作用 …………………………………… 8
第一节　自然教育的意义 …………………………………………… 8
第二节　自然教育的作用 …………………………………………… 13

第三章　国外自然教育的起源与发展 ……………………………… 18
第一节　国外自然教育的起源 ……………………………………… 18
第二节　国外自然教育的发展 ……………………………………… 19

第四章　中国自然教育的产生与发展 ……………………………… 26
第一节　中国的自然教育实践 ……………………………………… 26
第二节　中国传统文化中的自然教育思想 ………………………… 28
第三节　中国自然教育面临的挑战 ………………………………… 29

第五章　自然教育优秀（实践）案例 ……………………………… 31
第一节　欧美自然教育实践案例 …………………………………… 31
第二节　日韩自然教育实践案例 …………………………………… 35
第三节　中国自然教育实践案例 …………………………………… 37

第六章　自然教育基本要素及实际操作管理 ……………………… 49

第一节　自然教育基本要素 ·· 49
　　第二节　自然教育实际操作 ·· 62
　　第三节　自然教育基地建设 ·· 72

第七章　自然教育政策体系 ·· 85
　　第一节　自然教育相关政策法规建设基本情况 ··················· 85
　　第二节　主要政策法规内容介绍 ··· 86
　　第三节　自然教育政策体系建设建议 ·································· 88

第八章　智慧化的自然教育 ·· 91
　　第一节　从互联网到自然教育 ·· 91
　　第二节　运用新兴技术服务自然教育 ·································· 97

第九章　反思与展望：身边的自然教育 ··································· 107

参考文献 ··· 109

附录　自然教育政策汇编 ··· 114
　　附录A：自然教育产业规范制度汇总 ································ 114
　　附录B：自然教育实践基地申报与建设制度汇总 ··············· 119
　　附录C：自然教育相关标准 ··· 124

第一章 自然教育的内涵

第一节 自然教育的定义

在解释自然教育这个专有名词之前,我们先分别来了解一下"自然"与"教育"各自的概念。"自然",作为名词可以将其理解为自然界和自然现象,它大至宇宙,小至基本粒子,包括了一切物质世界和普遍意义上的生命。"教育"一词则来源于孟子的"得天下英才而教育之",狭义上指专门组织的学校教育;广义上指影响人的身心发展的一切社会实践活动。综合"自然"与"教育"的概念,我们就可从三个视角来解释自然教育:

自然教育是对自然界的认识与实践活动。正所谓"园日涉以成趣",人们通过关注自然中的细节,体味着和万物的共同成长。自然教育的教科书正是形形色色的自然万物,以自然实物为教学素材,通过对自然界的认识与实践活动,培养公众认识自然的能力,进而建立人与自然的联结,树立生态的世界观,遵照自然规律行事,以期实现人与自然的和谐发展。

自然教育是在自然界中的认识与实践活动。以自然环境为背景,融入大自然,凸显自然体验教育主题,寓教于乐。通过这种实践活动,使受教育者在与自然接触的过程中掌握生态环境的基本知识、转变对人与自然关系的认识、调整对待自然生态环境的态度和价值观、增长维护生态环境平衡的技能,使受教育者能真正地深刻领悟到人与自然之间的内在联系,提升自身的生态文明素养,在此基础上实现人与自然之间的和谐共生。

自然教育是基于人的自由天性的认识与实践活动。以法国启蒙运动思想家、教育家卢梭为代表的自然主义教育流派主张教育的自然性,强调成功的教育应该是一种服从自然法则,并倡导让孩子进行自然而然的学习,重点在于脱离人的影响的学习方式。

综合上面这三个视角的解释,我们给出了自然教育的全新释义:自然教育,是指人类在自然环境中去认识包括人类自己在内的自然界的一切实践活动的统称,受教育者在大自然的环境中，观察和摸索周围的环境，感受大自然的奥妙和美好，从而自发学会欣赏自然、尊重生命，培养可持续发展的绿色生活价值观和爱己爱人爱自然的美好品质。

党的十八大以来，我们党关于生态文明建设的思想不断丰富和完善，在"五位一体"总体布局中生态文明建设是其中一位。自然教育活动的开展也是在公众意识层面进行生态文明建设的一个重要手段。

第二节　自然教育的特征

一、顺应自然的实践过程

自然教育是人对自然界的客观认识的过程。首先，人类作为自然界客观存在的一部分，本就应该顺应自然规律，尊重自然环境；其次，人类的活动需要与自然界和谐共生，不能将人类凌驾于自然之上。因此，我们可以把自然教育活动的核心理解为：归于"自然"，发展"天性"，培养"自然人"。

◀ 图1-1　不同年龄段的自然教育学习

二、终身的学习行为

自然教育是让不同年龄段的公众参与其中的、不限任何形式的、终身的学习行为。人类在不同的年龄阶段在与自然界的互动中表现出明显的差异，因此，我们认为有必要对不同年龄段的公众开展自然教育，使不同的受教育者在融入自然的学习中把握自然的存在，展开对自然的探索，建立与自然的联结。同时，通过自然教育增加公众对生活环境的认同和归属感，培养自身生态素养，从而促使他们去主动保护周边的环境，关心身边的环境问题。

当前，自然教育的重点对象是青少年，一方面，青少年是最容易接受教育，也是最容易发生改变的一个群体；另一方面，是国家的未来，对他们开展自然教育将具有更加持续的意义。通过自然教育培养孩子的自理、自立、自信、自强的能力，树立人与自然和谐相处的理念。就像理查德·洛夫在《林间最后的小孩——拯救自然缺失症儿童》一书中曾说"自然总是能给孩子一个更为广阔辽远的世界，这既不同于父母给予的亲情世界，也不像电视那样会偷走孩子们的时光，相反，她能丰富孩子的精神世界"。

◀ 图1-2 自然教育的重点对象是青少年

因此只有把自然教育融入到育人的全过程中，才能为未来培养具有生态文明价值观和实践能力的建设者和接班人奠定坚实的基础。

第三节　自然教育与其他教育的关系

一、环境教育与自然教育的关系

1972年的"联合国人类环境会议"（图1-3）上正式提出"环境教育"理念，并公布了第一个与环境教育相关的《联合国人类环境会议宣言》。

◀ 图1-3　1972年的联合国人类环境会议

1975年《贝尔格莱德宪章》（图1-4）的颁布对各国的环境教育都产生了深远影响。《贝尔格莱德宪章》提到："应在正规教育及非正规教育中开展环境教育，环境教育应是所有人的普及教育"。

环境教育旨在解决由资源耗费、生态破坏和环境污染等引发的环境问题，以解决环境问题和实现可持续发展为目的，以提高人们的环境意识和有效参与能力、普及环境保护知识与技能、培养环境保护人才为任务，以教育为手段而展开的一种社会实践活动过程。

自然教育则是受教育者在大自然的环境中，观察和摸索周围的环境，感受大自然的奥妙和美好，从而自发学会欣赏自然、尊重生命，培养可持续发展的绿色生活价值观。

因此，我们认为自然教育是环境教育的一个重要组成部分，是将环境教育被动的学习形式转变为在自然的大环境中去主动认识、感知和联结自然。

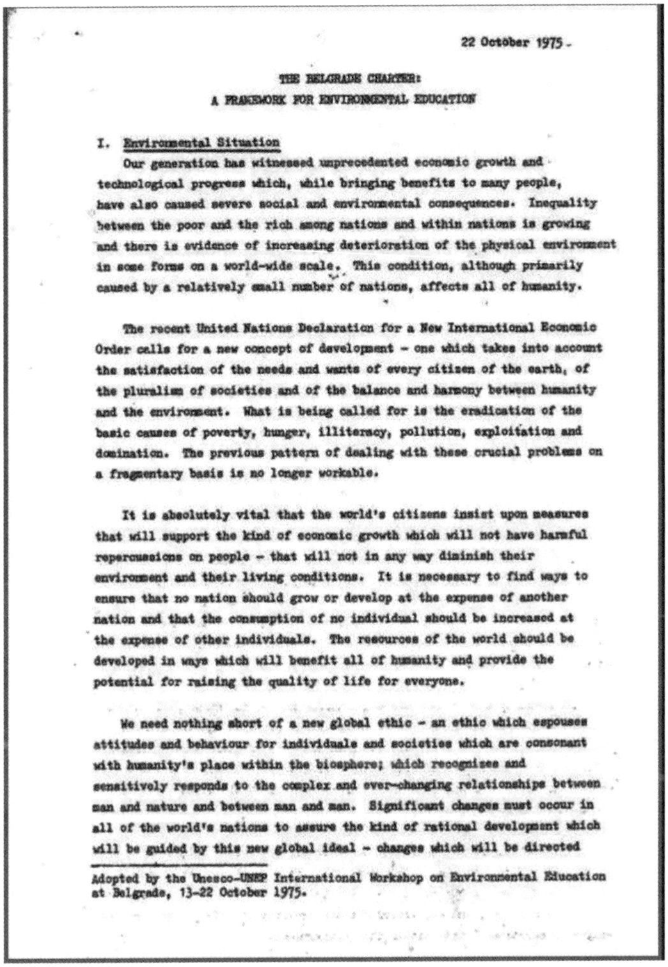

22 October 1975.

THE BELGRADE CHARTER:
A FRAMEWORK FOR ENVIRONMENTAL EDUCATION

I. Environmental Situation

Our generation has witnessed unprecedented economic growth and technological progress which, while bringing benefits to many people, have also caused severe social and environmental consequences. Inequality between the poor and the rich among nations and within nations is growing and there is evidence of increasing deterioration of the physical environment in some forms on a world-wide scale. This condition, although primarily caused by a relatively small number of nations, affects all of humanity.

The recent United Nations Declaration for a New International Economic Order calls for a new concept of development - one which takes into account the satisfaction of the needs and wants of every citizen of the earth, of the pluralism of societies and of the balance and harmony between humanity and the environment. What is being called for is the eradication of the basic causes of poverty, hunger, illiteracy, pollution, exploitation and domination. The previous pattern of dealing with these crucial problems on a fragmentary basis is no longer workable.

It is absolutely vital that the world's citizens insist upon measures that will support the kind of economic growth which will not have harmful repercussions on people - that will not in any way diminish their environment and their living conditions. It is necessary to find ways to ensure that no nation should grow or develop at the expense of another nation and that the consumption of no individual should be increased at the expense of other individuals. The resources of the world should be developed in ways which will benefit all of humanity and provide the potential for raising the quality of life for everyone.

We need nothing short of a new global ethic - an ethic which espouses attitudes and behaviour for individuals and societies which are consonant with humanity's place within the biosphere; which recognizes and sensitively responds to the complex and ever-changing relationships between man and nature and between man and man. Significant changes must occur in all of the world's nations to assure the kind of rational development which will be guided by this new global ideal - changes which will be directed

Adopted by the Unesco-UNEP International Workshop on Environmental Education at Belgrade, 13-22 October 1975.

◀ 图 1-4 1975 年《贝尔格莱德宪章》

二、学校教育、社会教育与自然教育的关系

（一）学校教育、社会教育与自然教育

学校教育是人们一生所受教育中最重要的组成部分，具有鲜明的特点：有固定的场所、专门的教师和一定数量的学生，有一定的培养目标、管理制度和规定的教学内容。教育本来是要促成人的全面发展的，要使人们各方面的能力得到均衡、和谐、自由的发展。但学校教育的标准化与模式化，会具有一定的局限性，因此，需要其他形式的教育来弥补它的缺陷。

社会教育是学校教育的必要补充，具体表现为社会文化教育机构以及有关的社

会团体或组织，对青少年、儿童和成人开展的各种文化和生活知识的教育活动。在教育对象上，社会教育既包括未成年人，也包括成人；在教育内容上，既包括职业技能的培训，也包括丰富个人生活的教育等；在教育方式上，社会教育则有长期教学、短期培训、系列讲座、广播电视教育及网络授课等多种教学形式。尽管在整个教育体系中，社会教育处于辅助和补充地位，但越来越显示出了不可替代的重要作用。对于青少年来说，良好的社会教育有利于学生增长知识、发展能力，丰富学生的精神生活，发展学生的兴趣、爱好和特长，也有利于对学生进行思想品德的塑造。

因此，我们认为自然教育是学校教育与社会教育的一种教育形式的体现（图1-5）。自然教育既属于学校教育又属于社会教育，自然教育着重品格、品行、习惯的培养；提倡天性本能的释放；强调真实、孝顺、感恩，既可以辅助学生在生活自理、心理自制、生存适应等方面的锻炼，也可以实现与他人交流合作的能力培养。同时，由于针对于少年儿童开展的自然教育活动中往往包括亲子环节，因此自然教育也具备了家庭教育的功能。

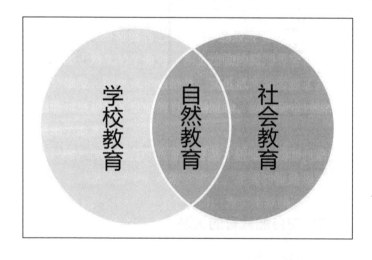

◀ 图1-5 自然教育、学校教育、社会教育的关系示意图

（二）学校与社会参与下的自然教育实践

在学校内部，自然教育不能仅仅依靠单一学科来进行教育，它需要通过学科渗透的方式借助于多门学科来协同实施，不仅需要自然知识学科的援助，同时也需要人文社会学科的参与（图1-6）。目前，人文社会学科在生态文明的建设过程中发挥着越来越重要的作用，只有多个学科共同协作，自然教育实践才能取得良好的效果。

◀ 图 1-6　学校内部自然教育

在学校外部，教育从来都是与经济、政治、文化、科技等社会子系统密切联系、相互牵涉的，自然教育的实施同样需要多个部门的通力合作和相互支持（图 1-7）。正如石中英教授所言："教育领域面临的许多难题，虽然直接表现为教育内部的矛盾和问题，但往往有着更加广泛的社会背景和根源。"因此，自然教育的实施需要联合教育、自然资源管理和文化旅游等部门共同协作开展。

◀ 图 1-7　学校外部自然教育

第二章 自然教育的意义与作用

第一节 自然教育的意义

自然教育的蓬勃兴起，是因为它符合事物发展的客观规律，顺应了时代发展的潮流。从历史角度看，人与自然的关系似乎正在完成一个轮回：由盘古开天辟地人与自然的混沌"统一"，到工业文明冲击下人与自然的分离与对立，再到重新谋求人与自然的和谐共处，可以说正在完成"统一—对立—统一"的过程，但不是回归到原点，而是螺旋向上的回归。然而，要完成人与自然的和谐统一困难重重，由于我们离开那个原始"统一"的时代太过久远，似乎已经忘记了如何恰当地与自然进行交流，因此我们需要学习，这就是自然教育的根本意义及价值所在。

因此，要想更深入地理解自然教育的意义，我们就需要从"人与自然"的角度出发，站在历史的维度上，考察这二者之间关系的历史变迁，并辩证地思考二者之间的关系。

从人与自然的关系历史演化来看，人与自然的关系随着人类生产力的发展不断变化，可以工业革命为界限分为两个阶段。对不同阶段人与自然的关系进行辨析，可以更准确地反映出人与自然关系的阶段性特征差异。

一、从原始社会到工业革命

从原始社会到20世纪初，人类文明走过了"采猎文明""农业文明""工业文明"三个阶段。这三个阶段人与自然的关系各自特征鲜明。

采猎文明阶段，人类主要依靠直接攫取自然界现成的动植物来获取生活资料，使得我们极度依赖于自然的"赏赐"，诸如图腾崇拜、宗教信仰等早期人与自然合一的观念与思想，都体现出人们对自然充满了感恩与敬畏。孔子有言："君子三畏"，首当其冲的就是"畏天命"。另外，在古希腊哲学中也有类似的观点，泰勒斯说"神用自然界的水创造了万物"，这些都体现出这一阶段人与自然的关系是一种依附和顺应的关系，人类是自然的一部分。

到农业文明阶段，人类的生产能力和认识能力都得到了很大提高，人类与自然的关系由先前的"完全依赖"变成了顺应自然规律并利用自然的阶段，人类开始有意识地主动适应环境，而不是完全靠天"赏饭"。这一阶段，人与自然基本保持融洽的非对立关系。人类与自然的融洽关系让无数先哲们发现不同的自然环境，塑造出了迥然相异的人、国家和民族：例如，亚里士多德曾说过，人的性质、气质、智慧由所居住的自然环境决定；孟德斯鸠在所著的《论法的精神》中阐述了自然环境特别是气候对人的心理、素质、情感、生理特征的影响；历史学者巴克尔的《英国文明的历史》论述了自然法则对社会组织和个人气质的影响，并把个人和氏族特征归之于自然条件的效果；俄国哲学家普列汉诺夫也说，自然环境是人类社会"第一个推动力"；泰勒认为"世界上天赋优厚的地区，可能给人类生活提供了许多不同的可能性。任何定居者如果不顾这些自然的限制，就一定会遭受灾害"。

从18世纪中叶开始，人类先后经历了两次工业革命，进入"工业文明"阶段。对科学技术的大规模运用，使得人类利用自然资源的能力和规模大大增强，此时，人类对自然的关系由顺应转为征服。"人定胜天论"和"人类中心论"开始侵蚀自然在人们心中的地位。"人类中心论"摒弃了千百年来人类对自然的顺从，一切以人为中心，为人的利益服务。在掌握了一些自然规律后，人类自以为拥有了改变自然秩序的权利与能力，发展成试图驾驭自然的人与自然关系，进而走向"科技万能论"的极端。培根认为"人类为了统治自然需要了解自然，科学的真正目标是了解自然的奥秘，从而找到一种征服自然的途径"。人类秉持这种思想，运用现代科学技术，开始在实践上大规模地向大自然进攻。于是，认为人类可以征服自然的"人类中心论"盛极一时，"征服自然、主宰自然"的核心理论观点直接导致了人类在对待自然时，呈现出意识上的片面性及实践上的简单粗暴。虽然工业化征服自然的实践为人类提供了大量物质财富，人类的生活质量得以提高，但这种"胜利"，客观上助长了人类对自然不顾后果的掠夺和侵蚀，导致了生态环境的恶化，进而产生了自然一次又一次"报复"人类的恶果，使得人类在自己所创造的工业文明中自我迷失。

二、从工业革命到现代社会

从"工业文明"到"现代文明"的过渡期间，诸如全球气候变暖、臭氧层空洞、生物多样性减少、自然灾害频繁等环境问题日益突出，使人类面临巨大的生存危机，人类逐步意识到有必要重新审视人与自然关系演变的历史，总结传统模式特别是工业化以来的经验教训，寻求经济社会发展的新模式。"人与自然和谐发展"理论为解决人与自然关系提出了一种新思路，它的形成经历了相当长的历史发展过程。20世纪50~60年代，人们在经济增长、城市化、人口、资源等所形成的环境压力下，对"增长=发展"的模式产生怀疑。1962年，环境科普著作《寂静的春天》（图2-1），在世界范围内引发了人类关于发展观念上的争论。十年后，《只有一个地球》把人类生存与环境的认识推向可持续发展阶段。同年，《增长的极限》明确提出"持续增长"和"合理的持久的均衡发展"的概念。1987年，《我们共同的未来》正式提出可持续发展概念，并以此为主题对人类共同关心的环境与发展问题进行了全面论述。人与自然关系协调统一、共同发展，这正是可持续发展论的思想核心，它给人与自然关系这一传统的课题注入了新的血液，是对传统"人定胜天"观念的否定，也是中国古代哲学所推崇的"天人合一"思想在当代条件下的发展与升华。

◀ 图 2-1 《寂静的春天》《只有一个地球》《增长的极限》和《我们共同的未来》

步入现代文明阶段，全球迅猛的城市化速度，使得城市人群的"自然缺失症"

逐渐显现出来。"自然缺失症"是美国作家理查德·洛夫的畅销书《林间最后的小孩——拯救自然缺失症儿童》（图2-2）中提出的一个术语，就像需要睡眠和食物一样，人类也需要与自然的接触。"自然缺失症"虽然不是医学概念，但它却反映出了人们的一种矛盾心理：生活在水泥森林时极度渴望亲近自然，但是真正回到自然中时又感到无所适从，不知道如何与自然相处。事实上，伴随着工业化和现代化的进程，去自然化的生活已经成为全球化时代人类共同的"城市病"，在大自然中度过的时间越来越少，导致了我们一系列行为和心理上的问题。虽然我们在思想上已意识到亲近自然、回到自然的迫切重要性，然而，工业化和城市化之下的生存模式，不仅从时间和空间上掠夺走了我们体验自然的机会，甚至已逐渐让我们丢失了体验自然的能力。

◀ 图2-2 理查德·洛夫和其畅销书《林间最后的小孩——拯救自然缺失儿童》

因此，在现代社会中，人与自然的关系中交织着一种复杂的情绪，颇有一种"思而不得，念而不忘，想而不见"的感觉。具体在生活中体现在以下几方面。

（一）城市化和科技化挤压人们接触自然的空间

城市化是现代社会的重要特征之一，城市的扩张不仅侵占了大量的自然空间，而且在城市内部，自然也成为必须被改造和控制的对象。全国绿化委员会办公室发布的《2019年中国国土绿化状况公报》显示，2019年中国城市人均公园绿地面积仅为 $14.11m^2$。在城市生活中，人们直接接触自然的空间越来越小，只能采用仿真甚至虚拟的方式假装感受自然。比如，用人造公园取代野外冒险，用浏览相册图集、网络游记的视觉信息输入取代五官的直觉感受。除了城市化的影响，现代科技对自然的控制也导致了"自在自然"的缩小，是限制人们直接感知自然的另一重要因素。运用现代科学技术控制自然似乎在潜移默化之中变成了理所当然，在这种意识的驱使下，"自在自然"存在的空间越来越小。事实上，现代科技进步所付出的代价就是我们感官的电子化以及日渐萎缩的感觉能力。比如，对空调的使用，让现代人丧失感受并适应自然气温变化的能力。

（二）电子媒介占据人们体验自然的时间

如果说城市化和现代科技对自然的控制挤压了人们接触自然的空间，那么，电子媒介的入侵则占据了人们体验自然的时间。当前，人们的闲暇时间大都已被电视、电脑、手机等电子媒介占据，"我更喜欢呆在室内，因为只有室内才有电源插座"成为多数人沉迷电子媒介、拒绝拥抱自然的真实写照。中国社会科学院发布的《休闲绿皮书：2018—2019年中国休闲发展报告》显示，中国人平均每天花费在看电视的平均时间达到100分钟；德国一家数据统计公司调查也显示，中国人每天刷手机的时间为3小时，居世界第二。电子媒介的入侵在"自然缺失症"形成的过程中扮演了重要角色，长此以往，我们不知不觉就失去了直接体验自然的能力。

（三）分科化教育弱化了人们整体感知自然的能力

现代学校教育是按照分科体系建构的，在分科体系下，教育已经不再遵循人类感知自然的"整体逻辑"，而是遵循学科或考试的"模块化逻辑"。这种分科化的教育虽然加速了人们掌握理论知识的速度，但零碎的知识片段并非一个有机的整体，使我们远离了真实的世界，最终的结果是科学"知识"难以转化为有效的生活"技能"。例如：春秋时期，鲁班因为进深山砍树木时手被茅草的叶子划破，鲁班观察叶子两边锋利的小齿后受启发明了锯子；瑞士发明家乔治·米斯特劳，带着他的猎狗在森林中漫步，返回时发现狗身上粘满了带刺的苍耳子，米斯特劳观察苍耳子的刺之后受启发明了由钩和毛两种结构组成的魔术扣。但是现代，即使几乎所有人在学校都曾知道叶子中含有叶绿素，但又有多少人知道叶子或是苍耳子的真实形状？大自然不仅是人类知识的宝库，更是人类创新的源泉，然而在我们追求快速掌握抽象科学真理的时候，却无意间剔除了蕴含着真理的具象世界。在学校教育中，涉及感知自然的科目有小学的科学，中学的物理、化学、生物和地理等课程，但这些课程仅仅是认识自然的某个方面，缺乏对自然的整体感知和亲近。长期分科化的教育也导致很难找到自身有足够博物学知识的教师来教学生，因为博物学教师的培养关键在于其亲身经历和体验，而不是系统化的知识学习。最理想的培养方式是在与自然的天然关系中,用足够的时间去探索,但这样的经历显然是现代学校教育无法提供的。

(四)"焦虑"滋生了人们对接触自然的担忧

一般而言,人类的焦虑会受到生理、心理和文化三种因素的影响。然而,在现代社会中,"焦虑"已成为一种被少数所谓"公知"或"精神领袖"塑造出的亚文化,不明真相的人们就在这种亚文化的放大镜下观察这个世界。尽管个体实际上比以往任何时候都要安全,但人们依然感觉到处充满了危险,在"焦虑文化"的催生下,一种以安全为核心的"新准则"诞生了。当安全成为一种人们热烈呼吁并自觉遵守的"新准则"之时,人们就必定要禁止各种创新性和有挑战性的活动,从而形成"不能容忍自然冒险"的氛围。另一方面,现在的我们特别是自己的小孩接触自然时产生巨大焦虑,这与我们所持的自然观有密切关系,即自然代表着不确定和尚未征服的世界,在追求确定性和可控性的强大驱力之下,我们会不断地夸大自然的危险性。事实上,对安全的过度关注以及错误的自然观,将必然导致我们与自然成为对立面,将自然接触视为不符合管理规则的行为。此时,所有的一切似乎都在向人们尤其是未成年人传递一个信号:自由的户外玩耍是不受欢迎的,在草地修剪整齐的小区公园或学校操场上活动才是唯一得到认可的户外游戏形式。

综上而言,人类在工业文明之下所养成的工作方式、生活习惯等一切生存模式,在"现代文明"阶段已不足以应付新的人与自然关系。当人们习惯了与静态的、程序化的工业化产品进行机械式的交互后,要我们重新与千变万化甚至难以预测的自然进行交流时,难免会产生进退失据的感觉,而这也从另一个方面揭示了自然教育的意义所在。从这个层面思考,我们需要认识自然、了解自然、并且学会如何才能够与自然和谐共处,进而与自然产生"交流"。

第二节 自然教育的作用

在我们当下所处的社会中,有不少人都在追求所谓的梦想,为梦想打拼,而我们原始的心性也慢慢被自己所淡忘。当文明在一定程度上变成我们生命的重负时,我们就需要自然教育来提升自己生命的勇敢之气,保持生命的健全与和谐。因此,通过自然教育激活我们的自由性与独立个性,释放天性,是自然教育对我们每个人全面发展的功能作用所在。其次,自然教育的作用不仅仅体现在"人"这一单一客体，对自然本身也同样有着不可替代的作用。

一、自然教育对人的作用

（一）自然教育对未成年人的作用

首先，自然教育有助于改善"注意缺陷多动症"[①]。美国伊利诺伊大学人类与环境实验室的沙利文（William Sullivan）等研究员开展了一项针对7～12岁注意缺陷症多动症儿童的研究，调查内容包括孩子平时喜爱的活动，既有诸如钓鱼、野营、划船之类的户外绿色活动，亦有像看电视、做作业、玩电子游戏之类的室内非绿色活动。该研究发现，孩子周围的绿色植物和自然空间，哪怕是透过窗户看到的自然景观，都有利于缓解注意缺陷多动症。自然环境越大越绿，越有利于缓解注意缺陷多动症。与用水泥、沥青、瓷砖铺就的室内或室外空间相比，绿色环境更能使注意缺陷多动症儿童集中注意力。在缺乏绿色的室内或室外空间中活动，更有可能导致注意缺陷多动症儿童陷入更糟糕的境地。环境心理学家路易丝·乔拉（Louise Chawla）教授指出，自然对人的精神集中力、心态健康和创造力有着积极的影响。多动症儿童的父母也多会发现，孩子在户外活动时，其多动症会有一定程度的缓解。户外的绿色空间拓宽了儿童的注意力范围，倘若儿童从绿地较少的区域搬到绿地较多的区域，那么其认知能力会有很大程度的改善，其思考会更清晰，注意力也更集中。

其次，自然教育有助于青少年抑郁症、焦虑症等精神障碍疾病的治疗。经常在室内上网的青少年更容易表现出抑郁、孤独等症状。人类在户外的直接体验正在锐减，而在室内的间接体验（如看电视、玩手机等）却日益盛行，甚至达到前所未有的程度。美国卡内基梅隆大学开展的一项研究表明，每天花数小时上网的人会比那些不怎么上网的人更容易变得抑郁、孤独。《精神病医疗服务》《Psychiatric Services》杂志上刊载的一篇论文表明，仅5年内美国处于少儿阶段的患者服用抗抑郁处方药的量就增加了1倍。一百多年前，美国教育家约翰·杜威（John Dewey）就告诫人类，在儿童时代过度推崇间接体验，容易导致进入青年阶段后丧失个性和自我。当今时代的青少年几乎每天都在进行长时间的间接体验，因而面临着极高的迷失自我和丧失个性的风险。

[①] 儿童是注意缺陷多动症的高发群体（ADHD），多发于7岁前，通常在8～10岁时才能被诊断出来，具有注意力难以集中、烦躁不安、动作过多、行为冲动、学习困难、品行障碍等多种表现。

最后，接受必要的自然教育有利于锻炼孩子的身体协调能力，使孩子更善于动用身体特质。丹麦的一项研究对传统幼儿园和"自然幼儿园"进行了比较，其中"自然幼儿园"的孩子几乎全天待在户外。一年后，研究人员发现"自然幼儿园"的孩子比传统幼儿园的孩子更善于动用身体特质，且更为机灵活泼。两类幼儿园之间最显著的区别是："自然幼儿园"的孩子更乐于创造新游戏，更富有创造力。瑞典也做了相似的研究：一所幼儿园四周高楼环绕，园内设有砖砌的人行小道、水泥砌的玩耍空间和少量矮小的灌木，另一所幼儿园位于有众多绿树和草地的果园中，周围是美丽的花园和各种各样的岩石，并且坚持"无论何种天气都待在户外"的施教原则，即无论是刮风下雨还是风和日丽，孩子们都在户外活动或学习。结果表明，与前一所幼儿园相比，后一所幼儿园中的孩子注意力更集中，运动协调能力更强。

（二）自然教育对成年人的作用

首先，缺乏必要的自然教育容易导致上班族感官能力易退化。在科技产品盛行的年代，不仅仅是儿童，成年人也大多对渗入人类生活各个方面的科技产品有着天然的喜爱。相关研究发现，充斥着我们日常生活的电脑、手机和高清电视，是导致人类感官能力衰退的一个重要原因。在最缺乏自然或自然遭受最严重破坏的地方，人的感官很容易变得空洞、麻木，进而让人产生隔绝感和压抑感。英国小说家劳伦斯（D. H. Lawrence）以敏锐的洞察力和犀利的笔触，形象地描绘了现代科技世界的弊端："世界犹如棒棒糖一样，被透明纸严严实实地包裹起来，虽看得见，却让人难以触及"。科技产品犹如色彩绚烂的透明纸，将真实的世界包裹得严严实实，让人难以去闻、听、品尝、触摸，进而慢慢地异化和扭曲着人类的各种感官。有人不无夸张地声称：互联网已取代了森林、河流，但电子产品或电子制造的环境是不可能真正刺激所有感官的。爱德华·里德（Edward Reed）在其著作《体验的必要性》《The Necessity of Experience》中写道：当今人类花费了太多金钱、时间和精力，却只是为了让世界上任一角落的人能共享一点点无关紧要的信息；人们对这个世界本身了解、体验得太少，甚至没有，人们"开始丧失直接体验世界的能力，'体验'这一词汇对我们来说已变得十分空洞，我们在日常生活中的体验已经枯竭。""丧失直接体验世界的能力"，意味着人们对大自然的基本体验太少，即亲身去看、听、闻、品尝和感受自然的经历太少，也意味着人们的各种感官能力正在退化。

其次，接受必要的自然教育有利于缓解成年人精神紧张。自然被视为疗愈精神问题的最佳场所，接触自然有益于治疗、辅助治疗或预防诸如忧郁症之类的精神障碍，但这一点常常被人忽视。接触自然是缓解人们精神压力的一个行之有效的方法。卡恩（Peter Kahn）在《人与自然关系：发展与文化》《The Human Relationship with Nature：Development and Culture》一书中指出，100多项研究均证实，在自然界中休闲的一个主要好处就是减少压力。而压力往往是抑郁症等精神疾病产生的根源。康奈尔大学多位环境心理学者的集体研究成果表明，家中及其周边的自然风景对促进人的心理健康起着重要作用。例如，住在能观赏到自然景观的房间中，更能缓解压力，预防压力所导致的精神疾病。纽约州立大学人文生态学院助理教授韦尔斯（N. M. Wells）及其同事埃文斯（G. W. Evans），通过调查居住在郊区的群体，发现自然环境对其精神健康有很大影响。其研究结果是：就抑郁症、焦虑症等精神疾病的发病率来说，与居住在自然景观单一、匮乏之地的人群相比，居住在自然景观丰富多样之地的人，患上因压力而生的精神疾病的概率更低；居住地附近哪怕有一块具有一定规模的自然空地或绿地，也有助于释放压力，从而走出精神障碍。美国《独立宣言》的签署者之一兼心理健康研究先驱本杰明·拉什（Benjamin Rush）宣称，挖土对治疗精神疾病有良效。雷切尔·卡森（Rachel Carson）曾说，常思大地之美的人，能终生从中撷取生命力量。自然如同一座心灵港湾，在不愉快时投入其怀抱，你会静下心来不再焦虑和忧伤。

最后，自然教育还有可能促进成年人道德品质的提升。在爱默生看来，自然就是人类的美德教师。那么，我们该如何理解这一观点呢？其一，自然是一座训练判断力的学校。自然可以帮助我们认识真理，教给我们有关差异、相似、本质与表象等必要的知识，从而培育有效的判断力，而判断力正是一切美德的基础。其二，自然中蕴含着丰富的道德法则，可以让人们潜移默化地学习道德。虽然自然中的事物千变万化，但它却总是与某种精神本质维持着一种不间断的联系，诸如"落红不是无情物，化作春泥更护花""不要人夸好颜色，只留清气全满乾坤"等千古绝句，无一不在告诉我们自然会以其独特的形式向人们揭示道德的法则，我们要做的就是用心去领悟。其三，自然维护着一种"纪律"，并能够传递给人类。从古人总结的"十二月令""二十四节气"，到现代科学对不同领域自然规律的不断发掘，人类的命运之轮和生命源泉无不依照自然的运行规律而设定，这种"纪律"需要我们在与自然相伴的漫长岁月中细心观察，留心总结，进而对这些"纪律"产生敬畏感，进一步地在社会交往中也能够明白"没有规矩不能成方圆"的道理，自觉地遵循社会运行的法则。

二、自然教育对自然本身的作用

在现代社会中，要想推进"可持续发展"的理念，环保事业的从业者是非常重要的一股力量。研究表明，在自然环境中的自由体验是促使青少年踏上环保之路的重要因素。早在1978年，美国艾奥瓦州立大学托马斯·坦纳（Thomas Tanner）教授就研究了促使环保主义者产生的相关因素，通过调查有所成就的环保工作人员和环保管理人员，坦纳惊奇地发现：最初影响他们走上环保之路的，竟是其小时候在乡村尤其是未开发的荒野中的自由体验。2006年，康奈尔大学专门就环保主义者的童年经历展开研究，发现他们对自然环境的关心和保护直接源于其11岁前所热衷的钓鱼、徒步、游玩、打猎等野外活动。

上述两项研究结果表明：一旦儿童普遍地疏远自然，那么未来的环保力量将变得极其薄弱，生态环保事业恐怕难以为继。因此，通过开展自然教育活动，将环境保护、资源保护等生态意识潜移默化地传达给受众，让人们在体验自然四季的变化中建立人与大自然的联结，让参与者对自然与环境保护有更加深刻的认识，从而使得科学的环境保护意识逐渐深入人心，同时也能加深人们对资源管理机构的理解与支持。

综上所述，自然教育与以往传统的教育不同之处在于，传统的教育往往都是具有单一的服务目标主体，或是满足个体的求知需要，或是满足社会发展的技能需要，总之，一切教育活动都以"人"为服务目标主体。而自然教育所强调的人与自然关系重构，追求人与自然和谐共生，则决定了其具有两个服务主体，即"人"与"自然"，是以追求人的身心健康和自然的稳定运行为共同目标的教育活动。人们需要踮起脚尖来摸一下小树的叶子，下雨时蹲下来看蚂蚁搬家，跑步去追逐空中翩翩起舞的蝴蝶。在自然中嬉戏时，人们所有的感官都得到伸展和疏解，拂面的微风、花儿的缤纷、浆果的香甜、昆虫的鸣叫……这是我们在书本上、电视上感受不到的。接触才能了解，了解才能热爱和敬畏，只有热爱和敬畏才会珍惜。

第三章 国外自然教育的起源与发展

第一节 国外自然教育的起源

谈起自然教育的起源,有人认为自然教育最初萌芽于亚里士多德的自然教育体系;有人认为自然教育的兴起与18、19世纪提出的环境教育等有密切联系。虽然难以确定自然教育的起源,但有两个重要的节点能说明自然教育的发展。

第一个要提及的重要节点是1762年卢梭在《爱弥儿》(图3-1)中提出教育的目的在于使人成为自然人,即"依照自然的顺序""信任自然""以自然为唯一的圣经""遵从良心者即是遵从自然"。卢梭的自然教育思想与目前流行的自然教育出发点并不完全相同。卢梭的自然教育思想主要针对的是顺应孩子"天性"发展进行教育,而目前流行的自然教育则更注重对自然的保护开展教育;前者强调了"使教育服从大自然的法则",后者则是重视自然环境在人教育中的作用,以及关于环境价值观的教育。

◀ 图3-1 卢梭及《爱弥儿》一书

第二个重要节点事件是1892年,苏格兰植物学家帕特里克·盖德斯(Patrick Geddes)博士在爱丁堡建了一座瞭望楼,供学生观察、学习自然教育使用。通常认为,他是第一位在环境与教育之间架起桥梁的人物,他所组织的自然学习、乡村学习、自然研究、户外教育、保育教育等活动成为今天的自然教育的萌芽。

第二节　国外自然教育的发展

一、概述

在 20 世纪 50 年代，丹麦的妈妈带着孩子每天在森林里徒步游戏，参与的孩子也越来越多，这些妈妈们发现这些孩子明显身心发育更加成熟，性格更加开朗。自此森林幼儿园有了最早的雏形（图 3-2）。

◀ 图 3-2　丹麦的妈妈带着孩子森林徒步游戏

1968 年，德国也出现了森林幼儿园，起初并不被政府认可，直到 1993 年得到了正式认可。因为德国的森林资源保护得较好，有着自然教育开展的优质基础，德国森林幼儿园发展迅速，截至目前已经有了 1500 多所森林幼儿园。

继德国之后，瑞士、奥地利也陆续有了类似的森林幼儿园，为孩子们提供自然教育课程。1995 年，英国也出现了森林学校，随着森林教育的普及，英国的森林教育逐步形成体系。自从第一所森林幼儿园的诞生，森林幼儿园就像蔓延的菌丝一般在斯堪的纳维亚半岛上蓬勃发展起来。20 世纪 60 年代开始到 90 年代，是森林幼儿园的早期阶段。

北美森林幼儿园的开端是在 1970 年的世界地球日，如今已有 40 多年的时间。2005 年，美国学者理查德·洛夫（Richard Louv）的《林间最后的小孩——拯救自然缺失症儿童》一书引发了全美国对孩子开展户外活动热议和广泛关注。当时电视娱乐发达，游戏机是孩子们最喜欢的玩具，打游戏占据了孩子大部分业余时间。书中写到，洛夫带着孩子们去公园里玩，孩子们却反问"公园里有电源插座吗？如果没有就没有办法打游戏了。"书中首次提出"自然缺失症"。"自然缺失症"并非是一种病，而是当今社会存在的一种现象，即儿童在大自然中度过的时间越来越少，从而导致了一系列行为和心理上的问题。从这本书的畅销开始，自然教育在美国兴起，并在2006年美国第一所森林幼儿园诞生。

开展自然教育与各国的自然条件、地理环境密切相关，不同的国家和地区都会以本国或者本地区的自然环境特点设计出适合的自然教育课程或活动。美国、澳大利亚、日本及韩国是较早开展环境教育包括自然教环境教育及自然教育，并形成了系统教育体系的典型国家。下面就这几个国家在相关立法、教育模式、教育内容及形式等方面作概括性介绍。

二、代表性国家

（一）美国

1. 环境教育立法

美国是世界上最早将环境教育以立法的形式公布的国家。1970年美国颁布第一部环境教育法。1990年美国国家环境教育法的颁布，标志着美国环境教育立法进入成熟阶段。此外，美国国会民主党和共和党议员联合递交了2013环境教育法增补提案，提倡引导孩子进行户外学习和实践，发现自然的奇妙。

2. 教育实践模式

美国的自然教育实践模式主要是"教学＋自然学校＋项目"。美国学校内开展的自然教育体验课，在各种贴近生活的实践活动中（包括参观国家公园等保护地活动）学生学习认识自然以及保护环境的相关知识。同时，美国也成立了自然学校，针对不同认知程度的孩子设计系统、体验式的课程，让孩子在大自然中通过观察、动手等一系列自主的学习方式去探索、感知自然的魅力和探索知识的乐趣。例如，美国很多农场作为自然学校的教学场地，通过在农场亲自观察周围的自然环境，接触动植物以及思考与生活密切相关的问题等使得对生命、自然的理解更加深刻。以上都是学校组织开展的自然教育模式。除此之外，美国还有很多以探索自然为目的的教育课程项目组织，组织孩子们到森林、农场开展远足、野营等生活实践活动，使参与者发现自然之美。

3. 教育内容及方式

学校或者自然学校作为教育的主阵地，其教育方式主要通过与社区、保护地开展合作，实现协同教育功能。

美国是最早提出国家公园概念的国家，发展至今已经成为世界上国家公园体系发展最完善的国家之一。随着美国国家公园体系的建立，首任局长斯蒂芬·马瑟（Stephen T. Mather）认为："国家公园和名胜古迹首要的功能就是服务于教育目的"。美国国家公园通过解说与教育服务提升游客对公园环境资源的保护意识，解说与教育方式分为人员服务、非人员服务和教育项目。人员服务就是有公园园丁参与的解说服务，主要形式有游客中心服务、正式解说、非正式解说及艺术表演等。目前，美国国家公园体系有约 6000 名专业的解说人员。非人员服务是没有公园园丁参与的媒体性设施，主要有展览和展品、路边展系、路标、印刷物、视频、网站等。教育项目是主要针对青少年开展的公园课堂，旨在让青少年在国家公园里学习自然科学和人文历史知识。

（二）澳大利亚

1. 环境教育立法

从世界范围来看，澳大利亚是较早开始重视环境教育的国家之一，在 20 世纪 70 年代就召开了"教育与环境危机会议"，在 20 世纪 90 年代就确立了走可持续发展环境教育的基本方向。1989 年，《澳大利亚学校教育的国家目标》中关于环境教育的目标规定："让学生理解并关注地球平衡发展的问题"。澳大利亚的环境教育目标体现在：理解可持续发展理论，形成可持续发展观念，掌握可持续发展技能。1999 年，在南澳大利亚州的阿德莱德（Adelaide）召开的州和地区教育部长级会议上，各州教育部长共同签署了《21 世纪国家学校目标宣言》，也称《阿德莱德宣言》，为了实现《阿德莱德宣言》所规定的环境教育目标，2000 年 7 月澳大利亚环境和遗产部颁布了《为了可持续未来环境教育的国家行动计划》（以下简称《国家行动计划》），在《国家行动计划》下指导环境教育的发展，特别是"可持续学校"的建立。

2. 教育实践模式

澳大利亚人把尊重学习者的生命体验与乐趣作为学习的前提，因此，澳大利亚的自然教育围绕着社会活动全方位的展开，包括在家庭教育、学校教育和社会教育。例如，在家庭中，学前儿童在游戏的模仿中愉悦自我、提高自我、升华自我，这体现着生命个体的自然学习，政府也以各种奖励制度来鼓励成人双休日参与亲子活动，以此来倡导家庭互动式的教育；在学校里，注重学校环境贴近自然的设计，引导孩子们在自然环境中去主动思考、摸索，自然环境中的游戏空间及其材料包括植物、树木、花园、种植区、沙、石头、泥、水等，都能够激发孩子们与自然之间的开放性互动，助其挑战自我，探索、体验并感知自然，从而潜移默化地提高儿童的自然保护意识；在社会中，有众多的政府和非政府环境组织推动学校和社会的环境教育的发展。澳大利亚的"可持续学校"是自然学校（也称绿色学校）的一种形式，善于开发学校内部及周边的环境和生态系统作为环境教育资源，且注重与当地社区的积极合作，通过当地社区开发更多的人力及实践资源来共同开展自然教育。最后，澳大利亚国家规定，中、小学生每年要到国家公园、自然保护区的教育中心活动至少两个星期。这一国家政策大大促进了自然教育的发展。

3. 教育的内容和方式

澳大利亚有众多的政府和非政府环境组织，特别是专门的环境教育中心和动物教育中心共同推进了自然教育的发展。在澳大利亚，每个公园、保护区都能成为大众环境教育基地，其中有的环境教育基地会采取不间断定期组织学校教师培训的方式，让教师学习有关自然环境保护方面的知识和技能，如植物园教育基地培训教师种植植物的技能等，通过此类的学习之后，教师再在课堂和实践中对学生进行自然环境保护教育。此种方式是对"保护地＋学校"的高效整合，保护地提供对教师培训的场地、知识、技能，再由教师对学生进行理论讲解和实践指导，使学生、教师都从中得到系统、全面的自然教育体验。

（三）日本

1. 环境教育立法

第二次世界大战后，战争带来的环境问题以及经济发展对资源的过度利用、开发使日本的环境遭到严重破坏。1951年，随着"日本自然保护协会"的建立，日本政府开始在民众中传播保护环境的思想，后来水俣病等事件的发生，加速了环境教育理念的形成。1967年，日本政府颁布了《公害对策基本法》。1983年，日本全国教师研讨会议题由"公害与教育"更名为"环境问题与教育"，此项活动标志着日本环境教育理念的正式确立。面对日益严重的环境问题，2003年，日本政府制定并颁布了《增进环保热情及推进环境教育法》，成为继美国之后世界上第二个制定并颁布环境教育法的国家，这标志着日本环境教育迈上了新的台阶，环境教育走上了法制化。

2. 教育实践模式

日本的教育注重强调自然体验学习，从小就让儿童接近自然、感悟自然，在自然体验中轻松愉快地成长，其实践模式主要为"自然学校＋社会＋社区"，此模式覆盖范围广，涉及人群多，使得日本民众从幼儿到成人都在接受着自然教育的熏陶。日本自然学校的特点是将校内、校外的两种生活模式相结合，校内会接受相关理论知识普及，校外进行的"修学旅行"是自然教育体验活动中非常有特色也很受学生喜爱的主要内容之一。同时，日本的自然学校会整合非政府组织（NGO，non-governmental organization）、社会企业及各方面的环境教育资源，共同开展自然教育。例如，日本的环境协会组织各种亲子自然体验活动，让家长和孩子都能亲近自然、感悟生命。此外，日本的许多社区都设有各种形式的环保教育中心，如东京板桥区的环境中心，面向社区的全部居民和学校免费开放，还有很多社区公园保留许多自然风貌，并拥有相当可观数量的野生动植物等，使其周边的民众随时能感受到自然气息，潜移默化地接受着自然教育。

3. 教育的内容和方式

日本的学校、自治团体、企业、志愿者、NGO、地区森林所有者和森林联合体等民有林相关主体共同合作推进基于森林体验的自然教育事业，让日本的自然教育渗透到各个角落，公民的环境保护意识也很强烈，使得很多游客对日本的第一印象就是"好干净"。在日本的自然教育发展进程中，民间组织一直有着不可忽视的作用，例如，以保护野鸟为宗旨的民间环境保护团体"日本野鸟会"，其会员大都是中小学生，他们在成年人的支持下，通过举办一些户外观鸟、保护栖息地等活动，不仅培养孩子热爱自然的意识，还获取了环境保护知识。

此外，日本会通过与学校合作在国有林中开展校园实践活动，与学校分担部分造林费用，这不仅拓宽了自然教育途径，也解决了国有林运营的资金问题。此外，日本还通过推进森林管理局、森林管理署等举办森林俱乐部和森林教室等活动，不仅让民众真切体验森林环境，还使得民众自发形成环保意识。日本的森林技术人员还会通过向大众提供森林、林业相关的信息和服务、策定区域管理经营计划、宣传报道等方式提高国民对国有林的关注度，增强对国有林事业的理解和支持。

（四）韩国

1. 环境教育立法

韩国在环境教育方面，主要是围绕森林资源的法律法规制定。1961年，颁布实施了第一部《山林法》。随着山林植被的全面恢复，2000年颁布实施了新的《山林基本法》，随即2001年又颁布实施了《树木保护法》。截至目前，韩国已出台了9部关于山林建设的法律，其中包括《森林休养法》和《森林教育法》。《森林休养法》和《森林教育法》的颁布使得韩国基于森林体验的自然教育走上系统、全面、稳定、快速的发展道路。

2. 教育实践模式

韩国注重于生态环境保护意识方面的教育，从小学阶段便开始进行生态保护教育，采用"森林体验式"的自然教育模式，依靠森林资源设立公园、博物馆，搭配专业森林疗养师、林道体验师、自然解说员全面、系统地开展自然教育活动。目前，韩国正在努力推动建立青少年森林教育的相关法律法规，计划要求小学生每学期进行5～6小时的森林体验活动。

3. 自然教育的内容和方式

韩国的自然教育主要是基于森林体验下的自然教育方式。韩国共建立总面积为6743km^2的20个国立公园以及13个森林博物馆。并针对树木园进行科学的功能分区，设有森林浴场、学生教育区、盲人树木园、特别保护区、爱心林、游戏林等多个区域，利用"传统＋科技"的方式向民众展示树木生命、用途、森林的历史和文化等。此外，韩国还发展了一批具有专业资格的森林从业人员以及森林疗养师、森林体验师，构建了一系列自然解说员资格评定与培训体系，保障了自然教育开展的人员基础。值得一提的是，韩国在设计方面很注重细节，在保护地内会针对不同群体对森林的需求而重点不同，例如，韩国森林解说项目有针对孕妇、幼儿、青少年、中老年甚至残障人士等各个群体的讲解，每个人都能享受森林的福利。针对不同的对象提供不同的项目或者服务不仅增强了自然教育的体验感，丰富了自然教育的内容，还拓宽了自然教育的发展方向。

三、小结

目前国外自然教育的发展呈现多元化的状态，见表3-1。开展自然教育的场所从森林幼儿园、自然教育中心到森林公园、城市公园、社区、林场；在开展自然教育活动方面，各国的政府、学校、社区工作组织、地方自然保护组织等机构均展开了广泛而又紧密的合作，合作的方式、效果各有特色；就自然教育发展的软环境而言，发达国家不论是对自然教育的理论研究，还是发挥好自然教育场地的作用以及帮助人们更好地认识自然、了解自然、培养正确的人与自然关系，都有着比较成熟的体系与理解。这些模式、制度、理念可以为我国自然教育产业发展提供重要的借鉴和启示。

表 3-1　部分国家自然教育发展情况说明

国家	模式	特征	内容
美国	教学+自然学校+项目	学校内开展的自然教育体验课，在各种贴近生活的实践活动中，学生学习认识自然以及保护环境的相关知识	1. 成立了自然学校，针对不同认知程度的孩子设计系统的、体验式的课程，让孩子在大自然中通过观察、动手等一系列自主的学习方式去探索、感知自然； 2. 美国国家公园通过解说与教育服务，开展公园课堂，旨在让青少年在国家公园里学习自然科学和人文历史知识，主要形式包括游客中心服务、正式解说、非正式解说及艺术表演、展览和展品、路标、印刷物、视频、网站等； 3. 以探索自然为目的的教育课程项目组织，到森林、农场等户外开展远足、野营、生活实践等
澳大利亚	全方位围绕式	涵盖家庭教育、学校教育、社会教育	1. 政府和非政府环境组织共同推进自然教育的发展； 2. "保护地+学校"高效整合，保护地提供场地、知识、技能，提前对教师进行培训，再由教师对学生进行理论讲解和实践指导
日本	自然学校+社会+社区	将校内、校外的两种生活模式相结合，校内会接受相关理论知识普及，校外进行"修学旅行"	1. 社区设有各种形式的环保教育中心，如东京板桥区的环境中心，面向社区居民和学校免费开放，还有很多社区公园保留有自然风貌，以及数量相当可观的野生动植物等； 2. 日本政府会通过与学校合作在国有林中开展校园实践活动，与学校分担部分造林费用，不仅拓宽了自然教育途径，也解决了国有林运营的资金问题； 3. 森林管理局、森林管理署等举办森林俱乐部和森林教室等活动，向大众提供森林、林业相关的信息和服务，对森林进行宣传报道
韩国	森林体验式	依靠森林资源通过设立公园、博物馆，搭配专业森林疗养师、林道体验师、自然解说员	1. 针对树木园进行科学的功能分区，设有森林浴场、学生教育区、盲人树木园、特别保护区、爱心林、游戏林等多个区域，并且利用"传统+科技"的方式向民众展示； 2. 发展了一批具有专业资格的森林从业人员以及森林疗养师、森林体验师，构建了一系列自然解说员资格评定与培训体系； 3. 针对孕妇、幼儿、青少年、中老年甚至残障人士等各个群体的讲解项目，每个人都能享受森林的福利

第四章　中国自然教育的产生与发展

第一节　中国的自然教育实践

一、中国自然教育的兴起

中国自然教育是在环境教育的发展中逐步展开的。一般认为，我国的环境教育开始于1973年。当年，我国第一次环境保护会议召开，会议通过了《关于保护和改善环境的若干规定》，提出"大力发展环境保护的科学研究和宣传教育"，环境教育随之开始在全国起步。

随着1992年联合国环境与发展大会的召开（图4-1），《里约环境与发展宣言》《21世纪议程》等相关提案的发布，社会普遍认为要从发展的角度看环境，环境问题不能仅限于在环境范围内解决，必须谋求生态、经济、社会三个方面的和谐，推进可持续发展。

◀ 图4-1　1992年联合国环境与发展大会

2007年10月，党的十七大报告首次提出了建设生态文明的要求，强调要基本形成节约能源资源和保护生态环境的产业结构、增长方式、消费模式。党的十八大把生态文明建设列入"五位一体"的总体布局，与经济建设、政治建设、文化建设、社会建设并列提出，把生态文明建设提高到前所未有的地位，把生态文明建设与建设特色社会主义紧密联系在一起。

2010年，中日公益伙伴在上海举办了第一次以"自然学校"为主题的工作坊；同一时期，自然之友组织翻译了美国专栏作家理查德·洛夫所著的《林间最后的小孩——拯救自然缺失症儿童》一书，本书的出版引起了国内社会对"自然缺失症"的广泛关注与反思；2012年，环境保护部和教育部共同发文推动中小学环境教育社会实践基地建设，在某种程度上推进了中国自然教育的出现和发展，由此还带动了中国"自然学校"项目推广；2013年，上海绿洲生态保护交流中心发布了《城市中的孩子与自然紧密度调研报告》，在参与调查的1300多名儿童中，12.4%具有自然缺失症倾向，如注意力不集中，情绪调节能力和环境适应能力较差，对大自然缺乏好奇心。报告再次引起了社会对"自然缺失症"的进一步关注及对重建人与自然连接的重要性的认同；2014年，首届全国自然教育论坛在厦门举行，之后每年举办一次，成为众多自然教育机构和从业人员交流学习的重要平台。

二、中国自然教育的实践形式

我国早期的自然教育主要是通过倡导呼吁民众热爱自然、与大自然和谐相处，在儿童、中小学生间通过课程教育、户外实践等方式进行。2012年以来，我国的自然教育机构呈现快速增长的趋势，目前在北京、上海、广州等大城市较为集中，规模以中小型居多，工作领域以亲子、儿童教育和自然体验为主。自然教育机构利用我国丰富的自然资源以及宽阔的自然教育场所，包括森林公园、湿地公园、野生动物园等开展着各类自然教育活动，鉴于我国各类保护地的进入便利性以及短时间可重复性，逐渐增多的城郊森林公园已成为自然教育阵地的首选。

三、中国自然教育的主要场所

改革开放以来，我国自然保护事业得到较快发展，先后建立了国家公园、自然保护区、风景名胜区、森林公园、地质公园、海洋公园等十多种自然保护地类型，数量超过10000处，面积约为陆地国土面积的18%，基本覆盖了我国重要的自然遗产资源，目前已形成类型齐全、分布合理的以国家公园为主体的自然保护地体系。各类自然保护地具有保护重要生态系统、珍稀濒危物种和自然遗迹的作用，是推进生态文明建设的重要载体，也是开展自然教育活动的主要场所。

第二节　中国传统文化中的自然教育思想

一、儒家文化中的自然教育思想

儒家生态道德观蕴含着丰富的生态伦理思想，能为自然教育提供丰富的理论素材。儒家认为，人类社会天然地存在于自然环境之中，大自然是人类的衣食父母，人们的衣、食、住、行、用的一切原料无不来自于自然界，人类本身就是自然环境的一部分。从这种认识出发，儒家有认识自然、敬畏自然，保护自然、适度利用自然，植树惠民、克己节制，生态教化、以人为本，天人相类、天人合一等生态意识。儒家传统的"天人合一""仁爱万物""贵和尚中"等生态思想以人与自然的关系为核心，着重论述了人与自然的和谐共生，其辩证的整体思维方式、浓厚的生态道德关怀、中庸的生态关系准则既丰富了自然教育的内容，又为自然教育提供了道德支撑和原则借鉴。儒家生态意识首先是建立在认识自然的基础上的，"有天地，然后有万物；有万物，然后有男女。"（《周易·序卦传》）"天何言哉？四时行焉，百物生焉。"（《论语·阳货》）揭示了儒家对大自然规律的敬畏。敬畏自然是人们社会活动的前提和基本规则。将儒家传统的生态伦理思想融入自然教育，既有利于引导公众养成辩证的整体思维方式和浓郁的生态道德情怀，又有利于公众积极践履生态行为，更有利于提高公众教育的实效性。

二、道家关于自然教育的理论基础

道家的天道自然观的核心是人与自然的和谐统一。"天道自然无为，人道也自然无为"表现在教育思想上就是教育目的"合于道"，读"自然之书"的自然知识观，无为抱朴的伦理道德思想。老子预想理想世界里，万物是平等的，并因其自身属性所具有的独一无二价值，遵循合乎"道"的规律并表现出"自然"的生存发展状态。"人法地，地法天，天法道，道法自然。"由于"道"是道家最高的哲学范畴，所以比较中肯地说，"道法自然"就是"道"自己使然。"天之道，损有余而补不足；人之道，损不足以奉有余。"（《老子·七十七章》）张忆在《老子·白话今译》中解释这句话的意思时指出，"自然界的一切现象都是既相互对立又相互统一，体现着均衡、合理的自然法则。"道家关注的焦点是自然的法则，重视研究人与自然的关系，老子相信，人与自然之间存在着一种天然的和谐，脱离自然的人是不能获得幸福的，这一点与我们今天强调改善人类的生态环境，走可持续发展的道路的思想有颇多相似之处。

第三节 中国自然教育面临的挑战

一、宏观层面的问题

与发展势头相比，法律法规建设滞后，全局性统筹规划缺乏。我国自然教育事业起步晚，工作开展不平衡，很多自然保护地还没有开展自然教育工作，自然教育资源未得到有效的利用，教育机构和自然保护地衔接较少。自然教育立法的空白，不仅仅使自然教育发展不规范、不完善，还会影响社会认知度以及与自然教育相关的保护地自然教育建设，社会经济行业、公益组织的发展，自然教育公益性与商业性关系。所以，要想自然教育更全面、更系统、更快速地在中国发展，就必须加快我国自然教育立法进程，引起民众的重视，为自然教育实施提供全方面的保障。

多数人还把自然教育看作是一种进入大自然的游憩活动，未认识到这是一种完善人格必不可少的受教育过程。因此，要在全社会宣传和树立自然教育对人品格、品质塑造的不可替代性，强化人们通过在大自然中对自然万物的感知和感应，让绿色净化精神和心灵。

在我国自然教育蓬勃发展的8年里，市场力量发挥了重要的作用，表明自然教育的市场潜力巨大，有市场则会带来利益，有了利益也将有利于自然教育的持续发展。自然教育是人类共同福祉，在塑造当代人健康身心的同时，也在为后代树起一片绿荫。但自然教育公益性与商业性关系平衡机制缺乏，对教育目标与实现动力的协调存在不良影响。这就需要在"政府主导，多方合作"的理念下，建立多方力量共同参与的目标实现保障机制。

自然教育缺乏科学理论和实践研究的支撑。调查表明，自然教育对儿童发展影响的研究、公众对自然教育的意识和态度研究、自然教育项目评估方法研究等，是目前需要展开研究和探索的重点问题。

二、微观层面的问题

缺乏权威行业标准规范，限制了行业质量的基本保障以及未来产业系统化的长期有序发展，应当在师资、市场、范畴、目标、评估等方面建立行业标准与规范。

  行业人才不足成为自然教育发展最大的瓶颈。自然教育在国内发展的历程太短，不足以培养足够的适宜人才。其深层次原因之一可能与目前高校未提供针对自然教育的人才培养机制，系统化、专业化的培训缺失以及当前从业人员良莠不齐有关。因此，需要尽快建设专业化人才支持体系，包括建立阶梯式人才培养机构、提供负担得起的优质培训、鼓励高校设立相关专业、完善人才激励制度和建设人才交流的有效平台等。

  政府参与推动有限，难以获得广泛的深度认可和与体制内教育的结合。首先，应当将其纳入相关的法律法规，明确各相关部门的职责；其次，控制准入门槛，谨慎发放牌照，并提供项目机会和基金，加强经费投入。

  平台化、日常化的合作和资源共享不足，限制了行业发展的效率和可能性。多方面因素导致行业内交流较少，主要因地区限制导致。建议搭建行业资源开放平台网络，共享优质资源，共同培养人才，并成立行业协会等组织，建设行业资源共享的交流平台，提高合作效率。

第五章　自然教育优秀（实践）案例

第一节　欧美自然教育实践案例

一、美国黄石国家公园

美国黄石国家公园（Yellowstone National Park）占地面积约为 $8983km^2$，总面积的 96% 位于美国怀俄明州，部分位于蒙大拿州和爱达荷州，是美国北部的七个天然奇观之一，也是世界上第一个国家公园，于 1978 年被列入《世界自然遗产名录》。黄石公园拥有世界上最多的间歇泉和温泉，园内地热景观 1 万多处，占到世界的一半，此外还有黄石湖、黄石河、峡谷、瀑布等景观，广泛分布着北美野牛、灰狼、巨角羚羊等几百种野生动物。园内交通方便，环山公路 500km，徒步路径约 1500km 将各景区的主要景点串联。

黄石国家公园分 5 个区：西北的猛犸象温泉区，又称热台阶区，以石灰石台阶为主；东北的罗斯福区，仍保留着老西部景观；中间为峡谷区（图 5-1），可观赏黄石大峡谷和瀑布；东南为黄石湖区，主要是湖光山色；西部及西南部为间歇喷泉区，遍布间歇泉、温泉、蒸汽池、热水潭、泥地等。

◀ 图 5-1　美国黄石国家公园峡谷区

黄石国家公园除保护野生动物和自然资源外，也可为游客提供观光游览、野生动物观察、户外娱乐和文化历史探索等活动，在春夏可以远足、骑自行车、露营、乘激流筏、骑马以及攀岩；秋冬时可以进行越野滑雪、骑雪地摩托、温泉度假等活动。利用自然体验活动使游客在接触自然的同时学习自然知识，体会人与自然的和谐相处，通过自然教育树立人们爱护生态环境的意识。

黄石国家公园的自然教育，是美国自然教育的典型。美国学校内开展的自然教育体验课，在各种贴近生活的实践活动中学生学习认识自然以及保护环境的相关知识。同时，自然学校针对不同认知程度的孩子设计系统、体验式的课程，让孩子在大自然中通过观察、动手等一系列自主的学习方式去探索、感知自然的魅力和探索知识的乐趣。例如，美国很多农场作为自然学校的教学场地，通过在农场亲自观察周围的自然环境，接触动植物以及思考与生活密切相关的问题等使得对生命、自然的理解更加深刻。

黄石国家公园自然教育主要项目活动包括黄石探险队、一日实地考察、黄石给你、公共土地管理、高中现场经验、我的黄石历险记、青年保护团、熊的菜单、足迹追踪、间歇泉是如何运行的和冬季挑战等11项，见表5-2。

表5-2 黄石国家公园自然教育活动项目

活动名称	活动简介
黄石探险队	与国家公园管理局护林员一起探索黄石国家公园的地质、生态和人类历史。这项以课程为基础的寄宿学校计划向学生介绍黄石国家公园的自然和文化历史，同时促进公园和家庭社区的管理和保护。学生在老师或家长的陪伴下，白天参加跨学科的体验活动，例如，远足、实地考察、讨论、创作戏剧和日记写作。晚上的课堂活动则允许学生调查影响大黄石生态系统的当前问题为主。专为美国4～8年级的学生设计
一日实地考察	只参观公园一天。黄石实地考察之旅从30分钟到全天探索黄石自然和文化资源。学生将参加在公园北部范围进行的适龄活动，其中包括远足、职业讲座和公民科学活动，或在公园内部地点进行的短期活动。专为幼儿园至12年级的学生设计。对于有特定主题要求的大学团体，课程可以与负责专家进行协调
黄石给你	邀请护林员参观怀俄明州、蒙大拿州或爱达荷州的学校，进行动手活动。教师可以选择符合教育目标的课程。专为幼儿园至12年级的学生设计
公共土地管理	黄石国家公园通过科学、历史和政治方面知识的讲解，向学生介绍公共土地的管理。检查诸如重新引入狼、野牛管理、气候变化和娱乐用途之类的资源环境问题，以了解并解决公共土地资源问题的方法，土地管理者如何解决不同观点以及民间社会在这些土地的管理中扮演什么角色。
高中现场经验	学生将参加多学科活动，包括地质学、荒野伦理学和野生动植物管理，并在可能的情况下与公园自然资源专业人士见面。该高中课程符合下一代科学标准（NGSS）和通用核心标准，可以通过蒙大拿州西部大学获得早期的大学学分。专为9～12年级的学生设计

(续表)

活动名称	活动简介
我的黄石历险记	安排学生探索峡谷、瀑布和间歇泉盆地，白天享受诸如动物追踪、观赏野生动植物、摄影、绘画和远足之类的活动，并有机会与公园护林员、研究人员和艺术家互动。到了晚上学生从事摄影和写作项目，也可以听取嘉宾演讲。专为12～18岁的年轻人设计
青年保护团	以申请工作为基础的教育计划，该计划的重点是通过工作项目、户外娱乐活动育来激发参与者的学习热情
熊的菜单	学生分成小组，观察熊的习惯，并画出熊在春、夏、秋、冬不同的形态特征
足迹追踪	学生将对比灰熊、狼和人类的足迹，观察其相似性和区别
间歇泉是如何运行的	了解构成间歇泉间歇期的必要成分以及它们是如何自然运行的。除了间歇泉模型演示外，高年级学生可以建立自己的间歇泉模型，并使用不同的系数来构造并检验喷发的假设
冬季挑战	学生远足考察，使用自己的推理和观察来了解动物的行为和适应性。公园护林员带领学生徒步旅行，考察动物特性及它们度过极端天气的方式。学生可以在室内小组活动中热身。该项目持续约4个小时

二、美国伯克利森林学校

伯克利森林学校位于美国加州伯克利，创始人利亚纳·查瓦林（Liana Chavarín）自2005年以来，致力于在户外教学，并与奥克兰和伯克利的学龄前儿童一起学习。现在，伯克利森林学校每年通过各种计划为100多个湾区家庭提供服务，扩大影响力的同时加强以新方式与社区合作。

伯克利森林学校通过基于地方的教育，邀请儿童及其家庭与森林学校建立持续的关系，来促进居民对当地生态和社区更深入了解。

伯克利森林学校主要项目活动包括野生食品、草药盟友、木工、自然色、黏土创作、森林音乐、讲故事和做书7项，见表5-3。

表5-3 伯克利森林学校自然教育活动项目

活动名称	活动时间
野生食品	6月22日至6月25日
草药盟友	6月29日至7月2日
木工	7月6日至7月9日
自然色	7月13日至7月16日
黏土创作	7月20日至7月23日
森林音乐	7月27日至7月30日
讲故事和做书	8月3日至8月6日

三、德国沃尔德森林幼儿园

德国沃尔德森林幼儿园（Waldkindergarten Robin Hood）是一家双语幼儿园，由非营利组织运营。幼儿园旨在引导儿童及其父母学会与彼此、与大自然建立稳定和信任的关系。

在幼儿园中，孩子们可通过沉浸式教学方法来学习英语和德语两种语言。此外，幼儿园侧重于自然和环境教育，让孩子们每天早晨在各种自然栖息地中、任何天气下进行户外玩耍、学习，甚至是吃早餐，然后在午餐时间返回幼儿园，并在下午，让孩子们有空间和机会以有趣和富有创造力的方式来记录上午的经历。

森林幼儿园中孩子们有机会每天在自然的户外环境中度过几个小时，他们在外面玩耍、探索、学习、体验周围的事物，放松和娱乐。幼儿园还设有室内场所，供孩子们度过手工、游戏和休息时光。

德国沃尔德森林幼儿园自然教育项目活动主要分为低年级学生活动和中高年级学生活动，见表5-4。

表5-4　德国沃尔德森林幼儿园自然教育活动项目

项目类型	活动
低年级学生活动	父母、孩子和老师上午8：00在森林幼儿园附近的绿地开会（或者在特殊的日子，在其他地方将事先通知）。家长将孩子们亲自交给老师
	大约在8：45左右，用英语和德语唱歌，学习手指游戏，跳舞和"听"大自然。还有机会与孩子们讨论当天最重要的问题
	随后，将他们的东西收集在推车上，并参观公园里大枫树附近的"矮人兹瓦克的家"。在那里，坐在草地上吃早餐，然后有大量时间唱歌、活动、探索或只是在草坪上放松（所有这些都用英语和德语进行）
	下午，乘坐公交车（107路）去参观的地点。有时是去植物园，那里种满了樱桃树和野蒜；有时是森林和田野，在那儿可以看到猎鹰盘旋；有时到布兰肯费尔德教堂的沙丘；或者到希尔德的小溪，苍鹭在那里觅食
中高年级学生活动	早餐后，建造木制棚屋、抚摸并在围栏中喂食鹿、用树叶或漂亮的石头建造马赛克和迷宫、收集玫瑰花瓣制作精油或用窄叶车前草做药膏
	下午1：00左右，返回幼儿园，享用午餐和休息
	午间休息后参与的活动包括绘画、玩橡皮泥、剪、锯或建造东西、看书、与朋友一起玩耍、跳舞等

第二节 日韩自然教育实践案例

一、日本全球自然学校

日本全球自然学校（The Whole Earth Nature School）是日本的第一所自然学校，从1982年创立至今已有近40年历史。创始人广濑先生，从20多岁就开始周游亚洲各国，并且以志愿者的身份参与了亚洲各地的开发与援助活动，回国后却发现日本的年轻人生活得没有"朝气"，于是在1982年和妻子一起回到家乡静冈县，创建了一个动物农场。从开展饲养动物的体验活动开始，到后来加入自然探险、冒险活动，自然体验活动等项目，其规模日趋成型，1987年，农场停业，正式改为全球自然学校。

坐落在富士山脚下的全球自然学校依山而建，典型的木制小屋加上小溪、悬崖、农场，以及从当地人手中租来的农田等，足有上万平方米。目前，该自然学校由研究所与公司两部分组成，共有专职人员40余人，此外，还有许多志愿者与兼职人员为学校工作。除学校本部外，另外在日本全国的七个地方设有分校。学校旗下的研究所，拥有许多生态旅游的研究者与实践家，主要经营培训、研究和讲座。而其他的活动都以公司的名义来经营。

全球自然学校非常注重培养具有环境教育能力的人才，每年都会组织很多培训，让学员获得自然体验活动指导员的资格。这些自然体验活动的指导员目前活跃在日本各地。每年，约有8万人付费参加这所自然学校的各类活动。

全球自然学校盈利模式主要是为学生、家庭、社会团体提供自然教育体验活动并收取费用。同时，其资金来源还包含政府、企业社团的拨款及赞助。每年有8成收入都是来源于政府机构、企业委托承接体验式课程，而学校的支出有6成都是员工工资。一般服务型企业的人员工资占比通常为3成，而自然教育学校在人员工资方面占比相对较大。因为自然教育需要通过老师引领参与者体验，对老师的要求非常高，而且通常一位老师单次带领课程的人数也极为有限，通常不超过10人。自然教育学校完全靠商业运营难度是非常大的，也就是说得益于政府和社会团体的大力支持，才保证了自然学校的正常运营。

在亚洲，日本的自然教育有较强的代表性。福岛核电站事故让日本人重新思考人生，明白应更多地回归大自然。从风格上讲，日本的全球自然学校多体验、观察色彩，关注动植物、农林艺术等，具有东方哲学式的色彩。

值得一提的是，全球自然学校在灾后救援以及救灾中起到了很大作用，因为这里的工作人员有很强的野外生存技能。他们丰富的野外生存经验也能够帮助灾民更快地适应灾后严酷的环境。在日本，全球自然学校的工作人员能够第一时间就赶到受灾后的现场，开展各种救援活动。"3·11"日本大地震后，创始人广濑先生曾迅速组织起自然学校的工作人员，率领救援队伍赶赴受灾地区，开展了一系列的一线救助工作。

全球自然学校自然教育项目活动包括冲绳海上皮划艇体验、溯溪体验、农业体验、户外拓展运动、海滨生物观察、夜晚丛林探险和丛林露营7项，见表5-5。

表5-5　全球自然学校自然教育活动项目

活动名称	活动简介
冲绳海上皮划艇体验	划着皮划艇游走在平稳的内海。根据情况可观察红树林或者登陆无人岛屿。之后漫步冲绳乡村
溯溪体验	要全身心地感受冲绳的大自然，最好的方式是进行溯溪体验。越过丛林，沿着溪水登山，在炎热的夏季跳入水潭、瀑布中嬉戏
农业体验	在种植冲绳特色蔬菜与甘蔗的田野中体验农事活动，并与当地原住民进行交流，品尝刚刚收获的农产品
户外拓展运动	根据地图上的标识的标志点进行徒步越野，以总分数的高低来决一胜负，标志点是当地著名的历史文化遗产，或者是能够反映当地乡土风情的场所
海滨生物观察	当地风景优美，大海与海水环绕的珊瑚礁是天然的水族馆。根据天气情况，在天气良好时，可以观察到很多热带鱼类与海中生物，并可以漫步在浅海区沙滩上，欣赏海洋美景
夜晚丛林探险	在夜晚进入冲绳的丛林中进行探险活动，寻找发光的萤火虫时偶遇在夜间活动的狐蝠等生物
丛林露营	在郁郁葱葱的冲绳岛北部地区的丛林露营地中，进行露营、野餐、篝火晚会、吊床体验、夜间观星等活动

二、韩国济州岛自然生态公园

韩国济州自然生态公园自2017年6月开始运营，在对当地的野生动植物进行调查研究的同时，运营有关野生动物的解说和体验方面的项目。

在穹顶一带约4000hm²的广阔大地上，可以观察猛禽类，以及为了保护鸟类的仿真鸟笼、保护山鸟的山鸟场，还有近距离观察獐子的野外观察员。目前有3条游览路线，分别是：从探访入口到火山口展望台，再返回的火山口瞭望台探访路（30分钟）；经过火山口展望台，经过山顶展望台的自然生态公园探访路（1小时）；以及沿着穹台上的最长一个台阶的环形路线（1小时30分钟）。

济州岛是综合保护、调查和研究野生动物的重要场所，沿着登上穹台的探访路线行走，可近距离观察野生动物，学习和体验当地传统的文化。

孩子们知道长寿金龟子、巫婆青蛙等动物名称，在这里还可以亲自去近距离观察和触摸与野生动物的亲密接触将成为孩子们美好的回忆。

韩国济州岛自然生态公园自然教育项目活动包括在我们的村子里拯救鸟类、济州的小动物——生态展览馆、蒲苇草传统工艺体验、昆虫眼所见的世界、羽毛书签、一日动物园管理员、与济州海中的鸭子见面、幼鸟正在成长——观察人工鸟舍、我能听到您的声音、蠕虫提醒——进行有趣的户外活动的安全培训、制作昆虫标本的经验、地面上生活着什么昆虫等，见表5-6。

表5-6 韩国济州岛自然生态公园自然教育活动项目

活动名称	活动时间
在我们的村子里拯救鸟类	常年
济州的小动物——生态展览馆	常年
蒲苇草传统工艺体验	常年
昆虫眼所见的世界	常年
羽毛书签	常年
一日动物园管理员	春季至秋季
与济州海中的鸭子见面	冬季
幼鸟正在成长——观察人工鸟舍	4～6月
我能听到您的声音	5～7月
蠕虫提醒——进行有趣的户外活动的安全培训	7～9月
制作昆虫标本的经验	8月
地面上生活着什么昆虫	6～8月

第三节 中国自然教育实践案例

一、香港湿地公园

香港湿地公园位于香港新界天水围北隅，占地约60hm^2，是一方清新纯然的有氧之地，也是我国少有的人与动植物互动的乐园。前身是一片荒芜水域，为修复城市建设而带来的生态损失而施行绿色覆盖计划，利用水域建成了绿色旅游设施，旨在推动环境体验、自然教育和湿地保育。2006年5月,香港湿地公园正式面向大众开放,是亚洲范围内首个同时结合湿地保护功能与教育游览功能为一体的湿地公园(图5-2)。

◀ 图5-2 香港湿地公园

香港湿地公园因其自身湿地优势加之重建的生态环境,具有丰富的生物资源,据统计,近200种雀鸟、200余种蝴蝶及飞蛾、40多种蜻蜓在此生存,为香港湿地公园增添了持久的生命力。乡土植物的运用是香港湿地公园的亮点,在公园内占据了主导地位,既形成本地特色,又低成本地营造了自然生境。香港湿地公园为各类动植物创造提供了良好的自然栖息地,动植物也回馈给公园一个平衡、稳定、和谐的湿地生态系统。

目前,香港的自然教育主要基于湿地公园和自然保护区来实施。香港湿地公园共有6个自然教育中心或游客中心,主要目标是提高公众对郊野公园自然护理的认识。中心工作内容分为3个方面:为学生提供自然教育活动以及到校的宣讲活动;为公众提供自然解说以及工作坊;为志愿者提供专业培训。

香港湿地公园的流线式方案设计是其自然教育活动的最大特色,其活动分为解说学习型、互动体验型、游戏探索型三大类,除了提供观鸟屋、蝴蝶园等自然而然的观察体验之外,还很热衷于如"遇见萤火虫""湿地挑战"和"复活节亲子湿地游"等许多创意式的参与性活动项目。如"演替之路""红树林浮桥"和"原野漫游径"则是通过合理规划的路径设计由浅及深地形成自然教育进阶式游线,让游客逐步地探索领略大自然的奥秘。

常年定期举办的自然教育活动是公园的重要特色。其主要目的是向来访的人们宣传湿地的功能、价值以及保护湿地的重要性。公园对于不同对象人群都有不同类型与内容教育活动,覆盖全年龄段。这些活动包含湿地科普讲座、野生动植物观察、比赛、话剧、艺术手工制作任务等。

香港湿地公园在保护这一区域的生态环境生物多样性的同时,丰富了当地的旅游资源,带来了消费人群,同时成为在安全环境中展示大自然、接触大自然、观察大自然的优良场所,具有独特自然教育功能与湿地生态功能。

香港湿地公园自然教育项目活动包括与湿地动物做朋友、生气勃勃的湿地、湿地与日常生活、爱护我们的湿地、蜻蜓观察、鸟类观察、探索红树林、水生植物观察、香港湿地公园与可持续发展、湿地博物馆之旅10项,见表5-7。

表5-7 香港湿地公园自然教育活动项目

活动名称	活动简介
与湿地动物做朋友	通过"与湿地动物做朋友"活动,教导小朋友参观大自然时的正确行为和态度;探访鳄鱼"贝贝",认识它的成长故事和生活习惯;走进湿地保护区,寻找其他有趣动植物的踪迹
生气勃勃的湿地	室内小组游戏"湿地寻宝":让学生认识一些湿地动物的特征及有趣的习性。野外考察:走进湿地保护区,搜寻鳄鱼"贝贝"、招潮蟹、弹涂鱼、昆虫、雀鸟等各种动植物的踪迹
湿地与日常生活	观察湿地动植物,寻找及辨别有用的湿地动植物;明白湿地供应日常生活所需,认同湿地的价值及功能,在日常生活中使用湿地资源,如节约用水、珍惜食物
爱护我们的湿地	通过"保育我们的湿地"专题介绍,让学生认识保育湿地的重要性;到河溪、池塘和红树林进行户外考察,认识这些湿地环境的特征,观察在当中栖息的动植物,认识它们的习性,并了解生物与环境之间的互动关系
蜻蜓观察	本活动包括课堂及生态调查。在课堂中,引导员会介绍蜻蜓的基本知识、观察蜻蜓的技巧和常见于湿地公园的蜻蜓品种。接着,同学们会到湿地保护区进行蜻蜓调查,在指定的路线辨认及记录可见的蜻蜓品种
鸟类观察	分析鸟类的身体结构与其觅食及栖息环境的关系;使用望远镜和图鉴协助辨认及记录鸟类;分析本港冬季鸟类较多的原因
探索红树林	观察红树林生长环境的特征;列出红树如何通过不同的结构去适应恶劣的生长环境;使用图鉴辨认红树树种及记录红树林动物;说明红树林的生态价值及其重要性
水生植物观察	本活动包括课堂及户外参观。在本课堂中,引导员会介绍4种主要类别的水生植物和它们的独特结构。接着,引导员会带领学生到溪畔浸游径及生态探索区观察不同的水生植物
香港湿地公园与可持续发展	学生会在课堂中认识湿地公园的发展背景,然后跟从引导员进行实地观察,认识公园户外及室内的绿色建筑设计,例如,绿化天台、地源热泵空调系统、木板屏障、斜坡通道等
湿地博物馆之旅	湿地知多少:认识不同种类的湿地和湿地5个重要的功能。湿地世界:参观北地苔原、热带沼泽和香港湿地。观景廊:欣赏湿地保护区的美丽景色及认识公园的成立背景。湿地探索中心:观察多种有趣的香港湿地生物

二、台湾杉林溪森林生态度假园

杉林溪森林生态度假园区位于台湾省南投县竹山镇，处于台湾省南投鹿谷溪头风景线上，属于阿里山支脉，距离溪头森林游乐区约为17km，海拔高度1600～1800m。杉林溪森林生态度假园1979年正式对外运营，1999年曾因"9·21"大地震，导致交通严重损毁，封闭停止营业近4年后，于2003年8月30日重新开放，现已成为健康养生兼具登山旅游及休闲度假的最佳场所。

园区地处自然原始的高海拔林区，终年云雾缭绕、景观变换万千，春天可赏山樱、杜鹃、石楠、郁金香、吊钟花、牡丹花，夏季则有波斯菊、绣球花，秋天满山枫红，冬季腊梅飘香，四时皆有不同景色，是国内知名的避暑胜地和赏花胜点。

杉林溪森林生态度假园区占地约$34hm^2$，分为综合服务区、杉林溪住宿区、健康养生区、悠游活氧区和登山活力区，不但有松泷岩、青龙瀑布、石井矶、燕庵、天地眼、台湾杜鹃巨木森林、杉林溪湖、药花园、杉林溪大饭店、聚英村十景可赏，更有穿林栈道、乐山步道、天眼步道、地眼步道、燕庵步道、台湾杜鹃步道、牵手小路、石井矶步道、青龙步道、越岭古道十大步道可供散步健行。除此之外，园区还有碰碰车、惊奇屋、地震体验馆等游乐设施，让游客们在登山健行、踏青赏花之余，还有其他的游憩体验，此外还成立有杉林溪自然教育中心，为一处全方位的住宿旅游度假园区。

南投杉林溪森林生态度假园区，是溪头前往阿里山的中继站，园区内的自然风光、人文设计的视觉美景，是带给游客的第一印象。游客可感受旅居山中的闲情雅致，忘却城市的喧嚣，拥抱山林的宁静，领略林木环绕的大自然魅力。

南投杉林溪森林生态度假园区提供杉林溪大饭店、杉林溪小木屋、杉林溪主题会馆，不同的入住环境给不同的特色享受。此外，还设有地道的美食餐厅，提供当地的风味餐点，让入住其中的游客能够在风光明媚的山林度假园区中享受属于杉林溪的美食飨宴。

园区的中药植物园由辅仁大学景观设计系主任规划，利用两山谷间狭长腹地$1.5hm^2$的面积，并依《易经》太极两仪、四象八卦学说竖立地标、太极图像、过水桥、八卦亭等景观。杉林溪森林生态度假园区内，最重要的主体还是上百种药草，从珍珠草、假人参、日本木瓜到常见的牛蒡应有尽有，同时分为十二生肖区、健康茶区、野生食物区、专业药用区等。其中，十二生肖区巧妙将生肖与药草结合，更是一绝。

杉林溪自然教育中心旨在通过自然的学习过程，让学员对环境、生态与文化产生感情，并进而培养友善环境的态度。

杉林溪自然教育中心自然教育项目活动包括穿林访花、自然礼赞、小木匠大体验、种子历险记、探索星空、蕨得有趣、杉林溪火金姑、花间仙子、综合户外教学、台湾杜鹃林幽探、鸟喙大餐、负离子检测、认识青蛙、寻蛙高手、水中精灵、杉林蛙蛙大叫、异色植物、彩翼杉林、生活水大变身、木文化等，见表5-8。

表5-8 杉林溪自然教育中心自然教育活动项目

活动名称	活动简介
穿林访花	走进杉林溪生态工法铺设的透气性与透水性步道，在美丽的花卉中穿行，身侧还有飞舞的昆虫
自然礼赞	认识瀑布区的形成原因、水文特色及感受负离子对人体益处，了解伐木时代的过往，思考林木与人类古今运用
小木匠大体验	实际参与锯木头、劈木柴与拖木马的过程，了解伐木期的艰苦。透过测量树木与碳固定量计算，更了解树木的珍贵价值
种子历险记	除了简介水晶兰与台湾杜鹃步道特色，也利用设计的游戏，让参与人了解水晶兰的生存环境与保育方法
探索星空	认识基本天文星座概念；使用天文望远镜观测、了解光与空气污染的影响；思考环境变迁与地球转动关系
蕨得有趣	认识蕨类植物及石松类植物；了解蕨类资源与人类的运用；了解生态资源的永续经营及激发自我意识
杉林溪火金姑	认识台湾萤火虫种类的习性与差异；了解萤火虫栖息地破坏对物种生存造成的伤害；参与生态解说活动，营造出人与生物共处的环境
花间仙子	认知蝴蝶；了解蝴蝶食草与蜜源植物及生存关系；参与生态旅游，营造出人与生物和谐共处关系
综合户外教学	认识与欣赏园区自然生态；辨识生物基本特征，并学习尊重生命；了解星空奥秘，体会无污染的重要性
台湾杜鹃林幽探	介绍杉林溪台湾原生种杜鹃——台湾杜鹃森林特色；3~5月走访杜鹃林下，观察无叶绿素植物水晶兰的奇特生长，真正了解生长栖息地保护的重要性
鸟喙大餐	借由不同的道具来模仿鸟类的嘴喙，让参与者亲自体会在自然演替的过程中，鸟类的嘴跟它所取食的食物有相当大的关系
负离子检测	常听说瀑布区含大量负离子。负离子是什么？含量与健康有何关系？借由负离子测试机实际读取含量记录来探讨与思考
认识青蛙	经由简单蛙类的认识后，透过文字描述、蛙类影像、声音辨识的青蛙认亲活动来加强所学，掌握野外搜寻蛙踪迹的快速入门方式
寻蛙高手	先简单介绍杉林溪常见蛙类特征与叫声，透过实地采访了解蛙类栖息地与保持良好环境的关系

（续表）

活动名称	活动简介
水中精灵	水质检测除了用科学仪器检测外，水栖昆虫也可以作为检测水质优劣的一个重要指标，因为水中昆虫对水质敏感易受到环境变化而离开甚至死亡
杉林蛙蛙大叫	认识台湾青蛙种类与生活史；学习辨识不同种类的蛙鸣；探访栖息地并观察思考人与蛙共存的环境关系
异色植物	改变大众对植物的传统印象；认识叶绿体及叶绿素；认识无叶绿素开花植物的特性及栖息地
彩翼杉林	认识并欣赏台湾中海拔山林的鸟类；了解洁净的溪流与自然环境对鸟类生存的重要性；利用游戏活动体验鸟类在大自然环境演化的进食方法
生活水大变身	认识污水的种类；了解人们使用的水如果处理将对物种生存造成严重伤害
木文化	认识中海拔各种森林的差异，借伐木体验认识先民伐木文化与落实保林护林的观念

三、北京八达岭国家森林公园

北京八达岭国家森林公园（图5-3）位于北京市延庆区境内，总面积2940hm^2，是AAA级旅游风景名胜区、北京市科普教育基地以及北京林业大学科研教学实习基地。2005年由国家林业局批准成立，2006年正式对外开放。

2014年建成国内第一家具有示范作用的森林体验中心，开展森林体验活动。体验中心占地面积450hm^2，分为室内体验馆和户外体验路线。八达岭森林体验中心新颖别致，建筑与自然融为一体，展示和体验设计充分挖掘了森林的文化价值，对于引领全国开展森林体验具有重要的意义。

森林体验馆建筑面积856m^2，主要聚焦八达岭森林历史变迁、八达岭森林大家族、八达岭森林产物和森林与艺术，体验馆建设有读书区和手工区。森林体验馆共设计了八达岭森林的过去、现在和未来，植物的四季，森林与音乐，森林与绘画等13个展区，以及沟谷纵横的八达岭是怎样形成的、"长"在森林里的长城，碳足迹转盘，暴马丁香的香味从哪里来，树木年轮多奇妙，八达岭动物的语言，八达岭森林小乐器等42个展项。户外体验路线设有森林教室、观景台、森林体验馆、露营地、动物教育、森林五感体验径等，近期又建成了杏花沟自然观察径与森林之家，进一步提高了自然体验教育的硬件设施及接待能力。

◀ 图5-3 北京八达岭
国家森林公园

近年来，森林公园以中小学生和学龄前儿童作为主要体验者，通过开展多形式、多层次、多角度的森林体验、自然教育活动，在森林中以趣味自然游戏、森林手工制作、森林知识探秘、环保科普讲座等方式，吸引孩子们走进森林、了解森林、感恩森林，培养体验者尊重自然、热爱自然、保护自然的生态文明意识。

八达岭国家森林公园重视教育效果而非展品设备，强调深度参与体验，融展示、教育、娱乐于一体，突出地方性、趣味性与系统性，强调体验式教育及创新动手能力的培养。

森林公园在不断完善自然体验课程及特色主题活动基础上，开展有八达岭特色的森林体验实践活动，开发了一日营、两日营和多日营等活动，同时根据来访者的年龄、爱好等差异，定制专业课程，目前取得了良好的效果。

同时，公园积极利用微博、微信、微电影等时尚的传播工具，宣传推广自然体验教育的意义和活动案例与效果，激发了广大市民的参与热情。

此外，北京八达岭国家森林公园积极与北京林学会、自然之友、海淀科普协会、成长营地等协会、俱乐部合作，开展多种多样森林体验活动、教育活动，吸引来访者走进森林。

北京八达岭国家森林公园自然教育项目活动包括森林体验教育活动、植树和树木认养活动、"无痕山林（Leave No Trace，LNT）"培训、消夏避暑节和长城红叶文化节5项，见表5-9。

表 5-9　八达岭国家森林公园自然教育活动项目

活动名称	活动简介
森林体验教育活动	八达岭森林体验中心自开放以来，得到了社会各界的一致好评。积极与北京林学会、自然之友、海淀科普协会、成长营地等多家单位合作开展了多种多样森林体验活动，同时公园自身也在每周六开展亲子家庭走进森林的体验活动，组织访者参观森林体验中心，并在森林中以趣味森林自然游戏的方式，通过开展多形式、多层次、多角度的森林文化体验、教育活动，吸引来访者走进森林，发现森林的秘密，享受森林的奉献，感念森林的伟大，培养生态文明意识，从而使体验者热爱自然、保护环境
植树和树木认养活动	为了促进首都绿化事业蓬勃发展，参与绿色北京建设，倡导公众保护生态环境，培养爱绿、护绿的意识，公园开展"树木认养"活动，增强了广大市民保护生态环境和爱绿、护绿意识，使"人人植树栽花，让家园更绿更美"的优良市风得到传承
"无痕山林（LNT）"培训	森林公园与北京自然之友合作开展了无痕山林户外伦理交流课程，带领游人学习"无痕山林"的技巧，保证这片青翠的山谷在为公众提供美好的自然资源的同时，实现生态的可持续发展。通过两年多的发展，公园基本上每 2 个月就有一次"无痕山林"的活动，倡导大众在走进自然时，尽己所能，保护固碳植物，减少毁林等活动，降低户外运动对于环境的冲击力。这种理论对于现代人爱护环境、保护生态有着极为重要的意义
消夏避暑节	"消夏避暑节"每年 7～9 月份举办，公园自然讲解员引导预约团队的中小学生在森林、奇石与长城的美景中养眼，在森林天然氧吧中养肺，在闲情逸致的游玩中养心，在观鸟平台上观鸟，聆听大自然的声音，同时开展生态游步道修缮活动，让学生们参与生态劳动体验游
长城红叶文化节	"长城红叶文化节"每年 9 月底～11 月初举办，期间将举办红叶长城体验游，推出"低碳出行赏红叶""森林骑游活动""重阳节森林探秘""寻找秋山中最美的红叶"，让孩子们逃离钢筋水泥的城市，走进森林的怀抱，体验父母儿时的快乐和自由。亲历：亲近大自然，体验户外露营。回归：回归传统文化，重阳登高，行孝感恩。感悟：感受自然的美妙，收获快乐，掌握知识，培养克服困难的精神

四、贵阳长坡岭国家森林公园

长坡岭国家森林公园（图 5-4）位于贵阳市白云区，离贵阳市中心 15km，总面积 232.4hm^2。园内生物资源较丰富，植物种类较多，生态系统较多样，森林茂密，绿草如茵，原生态环境优美，气候怡人。主要景观资源包括樱花湖、天鹅湖为代表的水体景观；有樱花林、杨树林、松树林为代表的森林景观；有碧绿如茵的森林草坪和历史悠久的森林古驿道等古迹以及以布依族婚俗为代表的独具特色、古朴自然的民俗风情和民族建筑，集山、林、水、草、古迹于一体，具有幽、秀、野、旷、古等景观特色，是理想的休闲度假、科普教育、旅游运动的良好场所。

第五章 自然教育优秀（实践）案例

◀ 图5-4 贵阳长坡岭国家森林公园

长坡岭国家森林公园的自然体验教育项目旨在通过引导访客参加一系列活动，唤醒公众对森林生态、经济和社会以及历史全方面价值的认识。与此同时，针对中小学生的生态文明教育读本所传授的生物环境教育知识能加深学生与公众对可持续发展和森林体验教育的认识。公园修建有一个完备的森林体验探险通道。通道尽可能保持了天然状态，从而给"城里人"近距离接触自然的机会。这种与自然的亲密关系有助于理解森林生命；森林体验教育中心主要向游客传达森林资源的可持续利用（尤其是木材）的理念即森林利用与森林保护二者是可以并行不悖的；森林信息中心是贵阳市森林体验教育一个实体场所。无法在森林里或户外实现的有关森林可持续经营和可持续发展教育的所有方面会在森林信息中心里清楚传达出来。森林信息中心建筑均采用森林可持续经营所产出的木材等材料建成，这也是从可持续发展教育角度传达木材使用以及其作为可再生资源的特点和重要性。

该公园将为贵阳乃至贵州省的森林体验教育提供示范，成为发展森林体验教育新理念的主要场所。基于长坡岭国家森林公园的森林体验教育理念，将扩散至贵阳的其他公园以及整个贵州省，助力贵阳建设成为全国生态文明示范区。

长坡岭森林体验教育中心，结合长坡岭国家森林公园的特点，突出德国森林教育方法，树立尊重自然、顺应自然、保护自然的生态文明理念，以自然为"课堂"，森林资源为"教材"，通过亲身体验的方式，针对不同的来访群体，策划实施不同层面的森林体验教育活动，不断满足大众对森林体验的多样化需求，开展贴近自然、贴近学校、贴近市民的森林体验教育活动，使体验教育基地成为弘扬生态文明的重要阵地。

另外，长坡岭国家森林公园采用德国巴伐利亚州林业厅的《森林教育指南》（中文版）作为自然体验教育培训的基础教材，就各个目标群体分别规划和制定引导活动。同时，贵阳市的森林体验教育工作人员成立一个工作组，负责根据本地特殊条件，对引导活动进行改编调整。例如，列出并使用本地的动物、树木以及本地的历史、神话故事等。

长坡岭国家森林公园自然教育项目活动包括森林体验探险通道、森林信息中心、栽植校园林、绿色教室和森林幼儿园5项，见表5-10，图5-5。

表5-10　长坡岭森林公园自然教育活动项目

活动名称	活动简介
森林体验探险通道	森林体验探险通道有赤脚体验小道、天然喀斯特洞穴、动物轮廓造型、明朝古驿道、巨型的鸟巢等，为来访者提供了很多选择的可能性，由他们自己或家人一起探索发现森林。森林体验探险通道为很多城市人提供了机会去探索与纯自然相关的最近的生态系统。对他们来说，走访森林是一次或小或大的探险。三千米多的探险有助于来访者集中精力和感官去观察和感受森林里的生物。"在自然中实践"会使人们理解自然，最终形成对自然的责任感
森林信息中心	森林信息中心的建筑是森林公园内森林体验教育的标志性建筑。有一群训练有素的森林教育工作者在这里工作，为来访者提供各种形式的体验活动，特别是以带动情感的方法帮助来访者理解每个主题
栽植校园林	该活动由教育局支持推动，学校积极参与，在农村地区栽植校园林。栽植校园林这个活动能使得学生以自己的方式来实践并理解森林可持续经营理念
绿色教室	这个绿色教室是森林里的小屋及森林附近的房子。感兴趣的年轻人可以每周一次或每个月一次来到这里，学习有关森林的大量知识，也包括开启令人激动的森林探险之旅
森林幼儿园	这是一种学前教育。学龄前儿童每天在森林里用自己的所有感官来感受森林。孩子们会学到大量有关自然的知识，同时也锻炼了身体。森林里的艺术项目对于开发学生的创造力也很有帮助。画画、写诗等活动也有助于学生理解什么是"森林生态系统"

◀ 图5-5　贵阳长坡岭国家森林公园自然教育活动及德国自然教育模式

五、广西高峰森林公园

广西高峰森林公园（图 5-6）位于南宁市兴宁区和高新区，距离南宁市中心 11km、距离南宁东高铁站 15km、距离南宁吴圩国际机场 35km，核心区面积 1200hm²。公园内连绵起伏的山体上林木苍绿如海，群鸟飞翔，林边路边草木繁茂、色彩纷呈，游客不仅能近距离观赏到红锥、米老排、火力楠、灰木莲、降香黄檀以及国家二级重点保护野生植物黑桫椤等各类树种数百种，还能观赏到金翅雀、白头鹎、柳莺、山雀、国家二级重点保护野生鸟类白鹇等鸟类近百种。依托丰富的林地资源，公园将森林旅游与林下种植相结合，大力发展体验式林下经济，游客可以在游玩的过程当中，品尝到新鲜采摘的油茶、虎奶菇、鸡枞菌、林芝、草珊瑚、甜茶等丰富多样的林下产品。公园既向游客提供参与式的旅游项目，丰富其旅游生活，又为游客提供绿色生态森林食品，满足其健康饮食需求，是集运动健身休闲、森林康养度假、科普文化体验为一体的全国最大城市森林公园。

◀ 图 5-6 广西高峰森林公园自然教育活动

公园规划了"一心两轴六区"几大核心主题区（图 5-7），"一心"是游客中心，"两轴"分东轴线和西轴线，东轴线的特色是溪谷、山峰、林木、湖泊、星月，展现自然之美、生态之美；西轴线规划了精灵河谷及精灵王国，有萌宠、百鸟、灰木莲仙子等森林精灵，游客可以在这里体验人与自然万物和谐共处。"六区"指公园的 6 个主题区：生命河谷、力量山峰、星月湖、星空营地、精灵河谷、精灵王国。从步入园区那一刻起，游客将感受到森林奇幻与欢乐的氛围，亲身参与到各种各样丰富多彩的体验活动。

公园内开展的自然教育体验课（图 5-8），在各种贴近生活的实践活动中让学生学习认识自然以及保护环境的相关知识。同时，针对不同认知程度的孩子设计系统、体验式的课程，让孩子在大自然中通过观察、动手等一系列自主的学习方式去探索、感知自然的魅力和探索知识的乐趣。

◀ 图 5-7　广西高峰森林公园总平面图

孩子们可以在"种子银行"里学习了种子的各类知识，亲手制作种子模型，利用种子榨油烹饪。在"植物实验室"拿起专业的植物解剖工具，制作载玻片，观察植物的器官。在"河流医院"里提取水源，检测水质，为溪流的健康打分。在"小鸟之家"里为小鸟搭个房子，欣赏鸟儿的演唱会。在"节气私塾"拿起画笔，将四季的变化保存在画纸上。

◀ 图 5-8　开展自然教育相关活动

第六章 自然教育基本要素及实际操作管理

第一节 自然教育基本要素

自然教育的发展离不开三大基本要素：自然教育场域、自然教育受众、从业人员和自然教育课程方案。三者通过"客体－载体－主体"的"三体"运行机理串联起来，从而构成了自然教育的基本内核，即"在自然环境中的教育活动"。

一、自然教育的主体——自然教育场域

自然教育的开展必须依托大自然环境，施教场域大致可分为野外场地和有人工干预的公园、自然保护区等，这些场地具备了自然教育所需的动植物、水体、地质地形等自然资源，也有道路、景观、基础设施、科普设施等基础的物质条件。除此之外，公园等近人居区域是公众日常中较容易接触的场域，比较方便开展自然教育活动。

目前，我国开展自然教育的户外场所主要有国家公园、自然保护区、国家级森林公园、城市动植物园以及小型城市公园等。

（一）国家公园

2019年6月，中共中央办公厅、国务院办公厅印发了《关于建立以国家公园为主体的自然保护地体系的指导意见》（本章后续简称《意见》）。《意见》指出：要"逐步形成以国家公园为主体、自然保护区为基础、各类自然公园为补充的自然保护地分类系统。"同时对国家公园进行了定义：国家公园是指以保护具有国家代表性的自然生态系统为主要目的，实现自然资源科学保护和合理利用的特定陆域或海域，是我国自然生态系统中最重要、自然景观最独特、自然遗产最精华、生物多样性最富集的部分，保护范围大，生态过程完整，具有全球价值、国家象征，国民认同度高。

在我国，国家公园基本功能有四项：自然保护、科学研究、自然教育和游憩展

示，其中，国家公园开展自然教育进行国民教育和学习，是实现其资源合理利用的重要体现。国家公园是天然的教育基地，公园内保存有众多具有代表性的自然和人文资源，通过公园内具有代表性的资源的相关知识和价值进行教育，提高我国国民的科学素养，增强国民的自然保护意识，提高我国国民的科学文化素养和思想文化素养。

按照功能和管理目标，我国一般将国家公园划分为严格保护区、生态保育区、游憩展示区和传统利用区。国家公园开展自然教育的功能区为生态保育区、游憩展示区和传统利用区。目前，我们熟知的长城国家公园、三江源国家公园、东北虎豹国家公园、大熊猫国家公园、武夷山国家公园（图6-1）等，都是按照划区域管理来实现国家公园的自然教育功能的。

◀ 图6-1　武夷山国家公园

（二）自然保护区

自然保护区，是指保护典型的自然生态系统、珍稀濒危野生动植物种的天然集中分布区、有特殊意义的自然遗迹的区域，具有较大面积，确保主要保护对象安全，维持和恢复珍稀濒危野生动植物种群数量及赖以生存的栖息环境。自然保护区是宣传教育的活的自然博物馆，对于开展自然教育工作具有独特的作用。我国的自然保护区保留了各种类型的生态系统，是大量濒危物种的基因贮备地，是开展各种生态研究的天然实验室。目前，在国家法律允许的范围内，可以在自然保护区的部分区域开展形式多样的自然教育活动，例如，研学教育、森林旅行（图6-2）、科学考察、生态监测、自然生态景观研究等,这些自然教育活动正广泛引起社会关注,未来也将成为主流的自然教育模式面向更多人群开展。

◀ 图 6-2　百花山自然保护区的森林旅行

(三)各类自然公园

除国家公园、自然保护区以外,开展自然教育的一类重要场域是各类自然公园。《意见》对自然公园作了如下定义:"自然公园是指保护重要的自然生态系统、自然遗迹和自然景观,具有生态、观赏、文化和科学价值,可持续利用的区域。确保森林、海洋、湿地、水域、冰川、草原、生物等珍贵自然资源,以及所承载的景观、地质地貌和文化多样性得到有效保护。包括森林公园、地质公园、湿地公园等各类自然公园。"

1. 森林公园(Forest Park)

森林公园拥有丰富的自然资源,并具有一定开发基础,是开展自然教育最直接、最合适的自然场所。目前,在我国境内已经有超过 800 家国家级森林公园通过审核,在国家级森林公园开展自然教育相关活动已经成为森林公园的常态化的业务工作,大多数森林公园配备了专业的森林文化科普人员和自然教育解说员,如北京八达岭国家森林公园(图 6-3),依托独特的自然特色研发了自然体验教育课程,建设了森林体验教育场馆,目前已经探索出国内领先的自然教育新模式。

◀ 图 6-3　北京八达岭森林公园

2. 地质公园（Geopark）

地质公园是以具有特殊地质科学意义，稀有的自然属性、较高的美学观赏价值，具有一定规模和分布范围的地质遗迹景观为主体，并融合其他自然景观与人文景观而构成的一种独特的自然区域。既为人们提供具有较高科学品位的观光旅游、度假休闲、保健疗养、文化娱乐的场所，又是地质遗迹景观和生态环境的重点保护区，地质科学研究与普及的基地。例如，张掖丹霞地质公园（图 6-4），目前已经形成了开放体验式、媒介传播式、沟通交流式以及标识解说式的自然教育科普形式，以丹霞地貌为基础，开展了多元化的自然教育课程。

◀ 图 6-4　张掖丹霞地质公园

3. 湿地公园（Wetland Park）

湿地公园是指以湿地良好生态环境和多样化湿地景观资源为基础，以湿地的科普宣教、湿地功能利用、湿地文化弘扬等为主题，并建有一定规模的旅游休闲设施，可供人们旅游观光、休闲娱乐的生态型主题公园，如黄果树国家湿地公园（图6-5）。湿地公园具有湿地保护与利用、科普教育、湿地研究、生态观光、休闲娱乐等多种功能，是国家湿地保护体系的重要组成部分，与湿地自然保护区、保护小区、湿地野生动植物保护栖息地以及湿地多用途管理区等共同构成了湿地保护管理体系。目前，在北京、广州、上海等自然教育发展较快的城市，围绕湿地资源设计的自然教育课程体系已经相对成熟，湿地公园以其独特的生态系统资源正逐渐成为开展自然教育活动的重要场地。

◀ 图6-5 黄果树国家湿地公园

（四）动植物园

动植物园的主要功能是野生动植物保护、科学研究、科普宣传教育、为公众提供休闲娱乐场所。在做好野生动植物救治和保护工作的同时，城市动植物园依托丰富的动植物资源，面向青少年群体广泛开展科普教育活动和自然性研究学习活动，已经成为了当下我国青少年素质教育中一个不可或缺的重要内容；如在北京植物园（图6-6）中通过开展植物观察和辨识课程，引导社会大众了解自然界丰富的物种资源，感受生物多样性的魅力。

◀ 图 6-6 北京植物园

(五) 城市公园

城市公园在开展自然教育方面有其天然的优势,靠近人居环境为城市公园带来了更多的游客受众,这对于自然教育社会化推广和大众化普及十分关键。与此同时,相比国家公园和动植物园,专业的自然教育机构更容易进入近社区的城市公园开展活动通过设计优质的自然教育课程,并由专业人士带领学习,在城市公园(图6-7)开展自然教育活动也有很好的课程效果和社会影响。

◀ 图 6-7 北京南海子郊野公园

二、自然教育的客体——自然教育受众

理论上，我国开展自然教育活动的受众是全体国民，自然教育是需要让各个年龄段都参与其中，并且涵盖了全社会各个阶层的人。因此，在进行自然教育时，了解自然教育不同受众群体的特点及需求，对于自然教育活动的开展和成效具有十分重要的作用。

开展自然教育活动时，根据资源特色及能力条件，可以按照年龄、性别、受教育程度、职业及收入、健康程度等进行受众的需求分类。如按照年龄分类，可分为以下三个年龄段。

一是儿童阶段（图6-8），主要是幼儿园和小学学生。这一时期是儿童心理发展的重要时期，对自然、环境的认识处于初始状态，对自然有着强烈好奇心，因此这是进行自然教育的最佳阶段。在自然教育阶段应当以通俗易懂的方式，以身边密切相关的自然知识、环境知识为内容，构建亲近、感受、认识、关心、热爱自然的行为模式。

◀ 图6-8　儿童阶段自然教育行为

二是青少年阶段（图6-9），主要是中学、大学阶段学生。这一阶段的学生具有一定判断力和价值观，但尚未成型。这一阶段，学习能力最强，个人目标强烈，是动机系统的核心。这一阶段的学生一旦对自然产生兴趣，不仅能够树立正确的自然观、价值观，还能在未来的生活和工作过程中对环境保护、自然教育事业作出较大的贡献。

◀ 图 6-9 青少年阶段的自然教育行为

三是成人阶段（图 6-10）。成人阶段主要在 18 周岁之后，通常以脱离学校教育后的阶段为主。成人教育具有知识传授、职业培训、能力建构以及人格塑造等多重功能。在《非正规环境教育的指南》中，提到"世界上大部分的人在学校系统之外接受教育，如果加上终身教育的目标，那么大部分负担就落到了校外教育或者说非正规教育的计划、过程和活动中"。要想实现全社会自然意识、环境意识的提高，必然要将成年人也纳入自然教育之中。

◀ 图 6-10 成人阶段的自然教育行为

针对学生群体可以开展的自然教育活动主要为相关自然知识和青少年身心健康培养，开展形式应适应学生群体的学习特点和接受能力，注重丰富有趣的活动形式；针对亲子家庭可以开展的自然教育内容主要为自然价值和自然意识培养，形式以参与性体验活动为主；针对青年团体可以开展的自然教育内容主要为自然价值观念的培养，形式主要以参与性、探险和感悟性为主；针对中老年群体可以开展的自然教育内容主要有自然价值和自然伦理教育，形式主要有森林康养教育，以及感受大自然、以修养身心为主体的自然教育形式。

三、自然教育的载体——自然教育从业者和课程

开展自然教育活动，除了主、客体要素以外，还需要通过一定的载体联结主体和客体。所谓自然教育载体，就是将自然生态资源以更加专业性、科普性、系统性和人文性的形式传递给全体自然教育受众的媒介，这区别于一般的自然景观旅行、公园游玩等简单观光体验式的活动。一般来说，自然教育的载体分为自然教育从业者和自然教育课程。

（一）自然教育从业者

1. 自然教育机构

2010年以来，中国的自然教育呈现了一个井喷式发展的态势，2016年又有更多新的自然教育机构涌现出来。根据2016年、2018年自然教育行业报告，按照机构的运营方式，将自然教育机构分为八类。

A. 自然学校、自然中心类：以自然教育作为核心发展目标与宗旨的自然教育机构。

B. 生态保育类：以生态保育作为核心目标的自然教育机构。

C. 自然观察类：观鸟协会、植物观察协会等自然观察类型的民间团队协会组织。

D. 户外旅行类：在户外活动或旅行方案中融合自然教育内容的机构。

E. 农牧场类：民间经营的农场、牧场。

F. 博物场馆类：具有推广环境可持续、自然保护目标的博物馆、社区教育场馆。

G. 公园游客中心与保护区类：国家公园、自然保护区等自然资源管理机构里的游客中心与有关场馆。

H. 其他：艺术、科普等其他教育类型中融合自然教育内容的机构。

自然教育按照机构运营的主体形态，分为：由机关事业单位自行管理、机关事业单位委托私企经营、私企自营、非营利组织运作型、个人运作和其他六大类。

2. 自然教育从业人员

近年来，随着自然教育行业的壮大，我国自然教育从业人员类型逐渐丰富起来，从专业的自然解说员到国家公园、自然保护地的科普工作人员，从自然教育机构的课程讲师到中小学教师，从自然教育志工团队到学生家长，越来越多的人们参与到自然教育事业当中，极大地推动了我国自然教育的快速发展。

自然教育行业属于新兴的服务行业，根据《2018年全国自然教育行业发展报告》，目前我国自然教育还没有开展官方权威的从业资格认证，现有的从业人员队伍多是由从事园林科普、生态保护、野生动植物研究等相关领域的工作者和大量自然爱好者组成的。

3. 自然教育相关社会团体

除了相关政府机关、事业单位和各种形式的自然教育机构，当前，官方或民间社会团体是推动国内自然教育发展的一股不可忽视的力量。这些社会团体有的是处在产业层面为自然教育的发展搭建平台，有的是利用团体成员的社会关系围绕自然教育事业组成联盟，有的则是以自然教育为主营业务参与开展自然教育课程、自然教育从业人员培训等相关活动。例如，北京中林联林业规划设计研究院、北京林学会、守望地球等单位，已经在自然体验、自然知识科普、森林疗养等领域深耕多年，为推广自然教育作出了很大的贡献。

（二）自然教育课程形式

现阶段，我国自然教育的课程形式有自然观察、自然探险、自然解说、自然学校四种，分别对其主要内容、受众群体和主题活动等进行梳理和总结，提出适宜于不同形式的主题活动类型。

1. 自然观察

自然观察是指受众在游览过程中，对森林动植物资源和森林中各种生态现象进行直接的观察和感受。自然观察主要包括观鸟活动、植物生长观察（图6-11）、动物生活习性、树叶周期观察、树叶拼图等。

观鸟活动是对鸟类的观察和鸟类知识的学习，包括鸟类的识别、鸟类食物链、鸟类的生活习性等。在国家公园等保护地内建设观鸟屋、观鸟平台、鸟类投食点等设施，同时配备相关的望远镜等观察设施，旁边设置解说图片或文字等进行鸟类知识的解说和教育。

◀ 图 6-11 野外调查和树叶观察活动

植物生长观察和采集是对植物知识的教育和学习，包括定期或非定期的植物周期观察、植物特征识别（图 6-12）、标本采集和利用自然素材进行创作等。树叶周期观察是了解树叶不同季节的特征以及植物生命循环过程，需要在不同季节不同时间段开展多次自然观察活动，了解树叶等植物的生命周期和自然生命循环的过程。

◀ 图 6-12 植物年轮观察活动

动物生活习性观察是对动物的观察活动，通过观察动物生长生活习性，了解动物食物链情况，加强对我国动物资源的了解，进一步培养保护珍稀野生动物的价值观。

针对土壤知识的观察活动是指通过对不同土壤或土壤剖面的观察，了解土壤的价值和功能；气象、气候的观察是在气象站等观测平台开展的科普宣教活动普及气象、气候相关的知识；地质地貌观察是在国家公园等保护地内开展地质实习等观察活动。

2. 自然探险

自然探险不同于常规的自然活动，并且不依托于常规的旅游设施，具有一定的危险程度级别。自然探险侧重于在自然环境下的生存体验和生存技能知识教育，目的是使受众通过自然探险活动来学习人类在自然环境下的生存技能。

根据危险性及活动强度的大小，自然探险可分为硬探险和软探险。硬探险是指强度较大的户外探险活动，需要借助专业的设备，危险性较大。例如攀岩、大型滑雪、远洋航行等。软探险是指强度较小的户外探险活动，类似于生态旅游，例如自然徒步旅游（图6-13）、山地自行车、小型滑雪活动、登山活动、野外露营、野外科学考察等。开展自然探险的重点在于对探险线路的设计，这是获得好的教育效果的十分重要的一个环节。在探险线路设计的过程中要遵循突出探险的主题特色原则、维护可持续发展原则，同时保护自然环境原则等。

◀ 图6-13 大海陀自然保护区自然探险

3. 自然解说

自然解说是开展自然教育最主要的形式，解说是一种以实物、人工模型、景观和现场资料向受众介绍文化与自然遗产的意义及人类与它们相互关系的交流过程，旨在帮助人们更多地了解自身与环境的关系。

自然资源是自然解说的基础,也是开展自然解说的主要内容,通过对自然教育场域内自然资源和人文资源的调查与评价,挖掘可利用的信息,并融入自然教育相关知识,自然保护理念等,通过具体的方式,将信息传递给受访者。一般来说,分为向导式解说和自导式解说。

向导式解说指的是以具有能动性的专门人员向受众进行主动的、动态的信息传导服务,向导式解说媒介一般有导游员、解说员(图6-14)、咨询服务中心服务人员等。

◀ 图6-14 自然教育解说员

自导式解说系统指的是由书面材料、标识牌、旅游手册、导览图、语音讲解、视频放映等构成的。向导式解说和自导式解说都具有直观性和参与性等特点,但不同的解说媒介适用于不同的解说主题和解说内容,在选择自导式或者向导式媒介的时候,应考虑信息传递的效果性和实际可操作性。

4. 自然学校

自然学校是自然教育的重要载体,与传统意义上的学校有所不同,而是指有专家指导的,有具体负责人、联系地址,有活动流程、活动场所,使受众通过体验大自然活动获得自然教育的组织机构(图6-15)。自然学校针对社会公众或某一特定人群开放,具备自然环境科普、教育、体验等相关功能,是实施非正规自然教育的平台,是自然教育的重要组成部分。

◀ 图6-15　中林联自然教育学校在库尔勒市包头湖农场开展活动

第二节　自然教育实际操作

一、自然教育课程设计

（一）自然教育课程设计的含义

课程设计，也称课程系统设计，是面向课程系统，解决课程问题的一种特殊的设计活动。它既具有设计的一般性质，又须遵循课程的基本规律。

自然教育课程设计就是针对教育目标以及课程过程中可能出现的问题，运用系统方法进行分析研究，结合自然教育实施者与接受者的实际情况，设计并实施课程方案，恰当地选择课程媒介，评价反思试行结果，并对设计方案反馈修正的循环过程。

（二）自然教育课程设计的基本要求

对自然教育进行课程设计需要遵循以下要求：

1. 设计的系统性

课程设计是一项系统工程，它是由课程目标和课程对象的分析、课程内容和方法的选择以及课程评估等子系统所组成，各子系统既相对独立，又相互依存、相互制约，组成一个有机的整体，做到整体与部分辩证地统一，各系统间有机地结合，最终达到课程系统的整体优化。

2. 设计的程序性

根据课程设计的程序性特点，课程设计中应体现出其程序的规定性及联系性，确保课程设计的科学性。

3. 设计的可行性

自然教育课程设计要成为现实，必须具备两个可行性条件。一是符合主客观条件，主观条件应考虑学生的年龄特点、已有知识基础和师资水平；客观条件应考虑课程设备、地区差异等因素。二是具有可操作性，课程设计应能指导具体的实践。

4. 设计的反馈性

自然教育课程成效考评只能以课程过程前后的变化以及对学生认识转变的科学测量为依据。测评课程效果的目的是为了获取反馈信息，以修正、完善原有的课程设计。

5. 设计的主体性

以人为本是自然教育课程设计主体性原则的本质特征。主体性的重要表现是主动性，是指自然教育课程中充分调动学生的积极性，课程设计要善于不断地创造具有激发性的课程情景，让学生产生对自然的探索兴趣，诱导学生主体性发挥。

6. 设计的生态性

要求实现人与自然环境、生态系统的统一，在进行环境课程设计时要充分考虑到生态性，并将生态性融入到自然教育的课程当中。

7. 设计的实践性

自然教育是一门以知识传授为基础，重点培养技能、情感、意识的学科，用综合实践活动的课程方式，有利于学生的成长。

（三）自然教育课程设计的流程

自然教育课程设计作为课程设计的一个分支学科，除了与一般的课程设计基本相同的设计流程与方法以外，因为自然教育有其独特的学科属性，所以它的课程设计流程也有其独特的地方。自然教育课程设计的流程应分为如下几步：

1. 学前分析

进行学前分析，认识课程中存在的问题与需要，确定课程问题的性质，阐明学习者满足学习所需的知识、技能、行为经验，规定学习者学习内容的深度与广度，了解学习者的学习风格、学前准备以及学习者的原有知识基础等关键要素，从而使课程设计更加具有针对性、实用性。

2. 确定课程目标

课程目标是课程的出发点与归宿，它对受众的发展起着调整和控制作用，并最终决定自然教育活动的效果。在进行自然教育课程设计时，自然也要对课程目标进行设计以确定所要达到的预期。1980年，美国的享格福德博士等提出了一套自然教育课程目的的四个层次：第一目的层次是生态学基础；第二目的层次是概念意识水平；第三目的层次是调查和评价水平；第四目的层次是环境行为技能水平。

3. 制定课程策略

通过课程策略的制定，可明确对完成特定的课程目标而采用的教学活动的程序、方法、形式和媒体等因素的总体考虑。

4. 拟定教案与活动计划

自然教育者同其他学科的教师一样，也需要在教学活动开展前，做好详细的策划与准备，即课程设计的第四个环节，拟定教案与活动计划。

若以课堂教学的方式来传授，则应当准备好一份教案，把将要传授的内容以纲要的形式呈现出来，以指导接下来的教学；若将要教授的内容以综合实践活动的方式来传授，则要准备好一份活动计划书，记录关于活动的整个推进过程、实施地点、所需器具等内容，并将活动过程中可能出现的问题一一列出，以期在未来的教学中发挥更好的指导作用。

5. 选择课程媒介

自然教育所选择的媒介除传统课程用具之外，教育者与学习者所在的周围环境也是其用来教学的媒介。如进行水污染调查活动时，被调查的水环境亦是媒介；如进行固体废弃物调查活动时，一次性筷子、塑料垃圾袋、泡沫塑料等是最好的课程媒介，这与传统课程媒介截然不同。

自然教育课程媒介的选择不仅要考虑这些因素，还要考虑到所选择的课程媒介是否具有生态性、绿色化和可循环利用等多种因素，应尽量避免教学而制造污染，否则就违背了自然教育的初衷。如：进行化学实验时，要考虑这一实验的引入是否会产生有污染的物质；所使用的课程媒介是否可以循环使用等等。

6. 课程设计成果评价

评价课程设计即指对教师所做的课程设计进行评价，从而肯定其设计的优良之处，发现设计的不足与遗漏，及时反馈信息，对课程设计进行修改、更正和补充。

（四）自然教育课程的分类

在现阶段的自然教育行业发展过程中，涌现出了多种形式、主题丰富的自然教育课程，面对不同年龄层次的受众，从业机构对自然教育课程的设置也进行了不同的设计。按照当前社会上自然教育课程形式，我们可以将自然教育课程的设计分为：体验式课程、专题型课程、持续学习型课程。

体验式课程，指的是为初次接触自然教育的人群设计的引导性、体验性的课程形式，一般是以自然界中的某个小的现象入手，激发参与者的兴趣，进而引导参与者亲自实践，感受自然的独特魅力。这类课程的活动时间设计一般为一天或者几个小时的课程为主。

专题型课程，通过专业人员的带领，对自然界中某个领域、某个现象进行深入的学习、研究、实践。这类课程具有一定的科学性和探索性，通过专业的自然教育讲师或者更高层次的专业知识水平的教授、讲师带领参与者对自然现象进行探究、实验，这类课程的活动时间设计一般为一周活动几天的集中性学习课程为主。

持续学习型课程，为特定的人群专门设计的完整的课程体系，通过参与完整的自然教育课程，参与者可以基本形成对自然界的全面认识，这类课程的活动时间设计以学期或者以学年为单位。

二、自然教育队伍建设

自然教育作为人类社会较新的教育现象，又是一项具有高度组织性和计划性的工作，其中教师是全部教育计划的执行者，占主导地位，因此，教师队伍的素质是自然教育成败的关键。自然教育自诞生以来，在快速发展中伴随着大量新内容、新问题，这要求自然教育教师必须具备有关自然问题的前沿知识和自然教育的教学技能。但综观自然教育师资培养的现状，尤其对比学校自然教育的发展来说，自然教育师资培养的发展还是相对滞后的。从当今自然教育的自身发展状况来看，师资培养是自然教育发展的重中之重，是当前最薄弱的环节，也是一个亟待解决的问题。

（一）我国自然教育师资培养概况

一般认为，中国的自然教育最早起步于20世纪70年代，当时国内将自然教育称为环境教育。几十年来，伴随着中国自然教育的蓬勃发展，中国自然教育师资培养事业也沿着自己独特的轨迹不断发展进步，与自然教育共同发展，相互联系，相互促进，并取得了一定的成就。

1981年，国务院在《关于国民经济调整时期加强环境保护工作的决定》中明确指出："中小学要普及环境科学知识。"与此同时，中小学环境教育师资培训也被提到议事日程，同年（1981年）中国环境科学学会第二次会议（秦皇岛会议）提出：将环境教育已取得的成果进行推广，并着手解决教师培训和教材出版问题。1983年，中国环境科学学会教育委员会第三次会议（即郑州会议）进一步提出自然教育亟待迅速推广普及，并对师资培养提出了相应的建议。从此，环境教育师资培养事业进入快速发展时期。

1989年，国家环境保护局（以下简称国家环保局）、国家教育委员会（以下简称国家教委）与中国环境科学学会在广州市番禺县联合召开了"全国部分省市中小学自然教育座谈会"，对进一步开展自然教育工作及自然教育师资培训工作提出了具体的意见和建议，要求进一步深化自然教育。1992年，国家教委与国家环保局联合召开第一次全国自然教育工作会议，提出"环境保护、教育为本"的方针，充分肯定了环境教育的地位和作用，指出在基础教育中开展环境教育的重要性，并对师资培养、教师培训等工作提出了具体意见。继此，中国自然教育及自然教育师资培训事业进入了一个发展的新阶段。

从1993年暑期开始，国家教委和国家环保局宣教司每年在北戴河举办"全国中学校长、教导主任环境教育培训班"。首先提升中学领导的环境知识、环境意识和自然教育水平，为自然教育大规模进入基础教育打下了一个好的基础。在以后的历次重要环境会议和政策文献中，都会专门提及和强调环境专业人才与自然教育教师队伍的培养工作，为中国的环境专业人才培养工作创造了良好的政策条件。

进入21世纪以后，我国的自然教育师资队伍建设不仅仅局限于对中小学教师的在职培养，尤其是2010年以后，随着自然教育理念更加深化，国外自然教育先进理念在国内广泛传播，各类自然教育机构如雨后春笋般涌现出来，与之相对应的各类非政府主导的自然教育教师队伍培训也如火如荼地开展起来。除了专业的自然教育专家、讲师、引导员、讲解师，还产生了针对自然教育志愿者的培训。因此，目前我国自然教育教师队伍建设逐渐呈现出理念先进、层次多元、学科融合等发展态势。

（二）自然教育师资素质要求

自然教育教师必须具备的一些素质，是其履行自然教育职能的基本条件。

1. 自然环境意识素质

自然环境意识是自然教育教师首先要具备的。自然环境意识主要包括认识意识和参与意识。既包括人与自然关系的认识，也包括人们在自然认识意识提高的基础上，根据自己的价值判断产生的对自然保护的使命感、责任感以及自觉的行为习惯。

2. 文化科学素质

自然教育教师首先应掌握自然环境学科的基础知识，对于具体的环境问题，能结合其他学科的知识分析它的产生，在一定程度上激发和加强学生保护自然的意识。我国基础自然教育都是学科渗透模式，因此，自然教育教师必须具备扎实的从事学科专业教学的专业知识。

3. 职业技能素质

随着教师专业化的不断提高，对教师"职业技能"的要求也越来越具体明确，或者说随着对教师"职业技能的要求越来越具体明确，体现了教师专业化程度的不断提高，这种具体明确的要求就体现在组织教育活动的技能、组织教学活动的技能和现代教育技术技能等方面。

4. 身体心理素质

包括身体素质、心理素质和精神状态三个方面。身体素质主要是指没有不适合教育教学工作的生理缺陷和疾病，身体健康，精力充沛；心理素质主要是指教师应心胸开阔、性格开朗、心理和谐；精神状态主要是指教师对自然教育怀有巨大的热情，用积极的心态去进行自然教育，同时具有与时俱进的开拓精神。

（三）自然教育师资培养分类

1. 在职师资力量的自然教育培训

目前，我国自然教育主要受众群体是中小学生、青少年人群，因此，针对义务教育阶段在职教师的自然教育培训是我国自然教育师资队伍建设的重要组成部分。教师在职培训是一种区别于普通教育的特殊教育活动，其特性集中体现在教育目标、教育对象以及教育组织形式三个方面。

教师在职培训目标的特殊性。由于自然教育的特殊性，更加关注人与自然的实践关系，这与在职教师日常开展的课程教育有所不同，教师在职培训的目标主要是使教师具备自然教育的理念，同时更重要的是具备引导学生尊重自然、敬畏自然的观念和教学技能。

教育对象的特殊性。教师团体是接触青少年群体的一线队伍，他们的言行举止、思维方式、知识水平、价值观念会直接影响青少年一代的成长和行为养成，其意义十分重要，他们之所以参加和接受在职培训，目的是更新和深化知识，进一步提高自己的专业素养。

教育组织形式的特殊性。在职教师群体一般具有比较高强度的备课、授课任务，出于工作与家庭压力，使他们不具备接受完整的自然教育培训的时间和精力。因而，面对在职教师的自然教育培训形式往往有其特殊性。主要以理论学习为主，实践带领培训形式辅之。这就需要培训课程具有更大的内在灵活性，能迅速地适应随时出现的新的学习需求。

2. 自然教育机构组织的师资培训

根据2016年、2018年自然教育行业报告，近年来我国自然教育机构或从事自然教育业务的企事业单位明显增多，以民间自然教育机构为主导开展的师资培养也逐渐兴起，并因其丰富多样的课程设置和实力较强的师资团队受到了业内人员的广泛认可。

这类培训主要是面向自然科普行业人士以及关注和乐于参与自然教育事业的社会大众开展的，如鸟兽虫木自然保育中心、自然之友、北京盖娅自然教育学校等机构。与在职师资的自然教育培训相比，其教育对象、受众更加多元化。同时，由于其教育对象的复杂性，使得非正规自然教育面对的问题要比在职师资的自然教育培训所面对的问题多得多，针对特定的对象群体制订特定的教学课程就具有重要意义。

自然教育机构组织的师资培训面对更多人群，这也决定了自然教育机构组织的师资培训应该是全方位、多层次的，应注意以下几点：

（1）以自然教育教学实践为基础。要大力探讨以实践为基础的培养模式，如以社区为本的教育模式等。

（2）树立以人为本的观念。培养学生的环境道德、主体意识、做人的价值，让学生在环境中自己教育自己，自我完善。

（3）确立学生的主体地位。要摒弃那种以教师为中心的教育模式。在教学中要充分体现学生的主体地位，注意培养和发展学生的主体意识。

（4）反映环境学科前沿发展状况。及时充实与更新教学内容，帮助学生了解当今环境的热点，掌握最前沿的环境知识、环境研究与评价的方法等。

（5）把方法与能力的训练作为教学重点。在师资培养过程中要注意培养学生积极探索的科学精神与创新意识，训练多元开放的思想方法，提高解决实际环境问题的能力。

3. 自然教育志愿者队伍建设

随着国内参与自然体验活动的人群增多，中小学校开展自然教育户外活动的规范性和制度化进程也加快推进。同时，各类自然教育机构为了保障自然教育活动顺利开展，提升活动质量，为自然体验活动配置了更多的工作人员，志愿者队伍建设应运而生。国内志愿者团队目前大致可以分为两类，一类是招募并培训已退休人员参与自然教育活动的导引，他们中间不乏身体状况良好的中老年人，在退休生活之余参与自然教育活动的组织，或是充当"安全员"的角色；另一类是以青年志愿者为主的志愿者队伍建设，通过招募以在校大学生为主的年轻人为自然体验活动的志愿者。

目前，各类自然教育机构在上岗前都会对志愿者进行基本业务能力的培训，这些培训包括：基础的野外安全救援技能培训、活动带领能力培训、沟通礼仪培训、等等。尽管志愿者队伍在自然教育活动中发挥着越来越重要的作用，但目前我国自然教育志愿者队伍建设仍然缺乏明确的志愿者认证系统和相应的奖惩机制。

（四）我国自然教育师资培训存在的问题

我国近年开展的自然教育教师培训工作，对提高自然教育从业人员队伍的整体素质起到了重要作用，但仍存在一些突出的问题，影响了人才培养的效果。归结起来主要表现在以下几方面。

1. 培训目标不明确

据调研发现，目前，很多的自然教育人才培训没有明确的目标，这种现象在一些地方和机构开展的自然教育教师培训中突出存在；另外，有的似乎有明确目标的单项培训，因其目标概念化、模糊化，与实际脱节，难以操作，最后也影响培训的质量。

2. 培训内容针对性不强

一些自然教育培训机构将培训的课程设置得过于复杂，且内容泛泛，毫无针对性，注重表面形式而缺乏内在技能深耕，进而导致受训人员经过培训后依然对自然教育认识不够，实操技能的掌握不够完备，直接影响了培训效果。

3. 培训方式和手段呆板单一

自然教育教师在职培训长期以来缺乏系统科学的理论研究，教学中通常沿用学历教育"一言堂""满堂灌"的方式，培训教师下放部分权力给受训教师的机会太少，不同程度地阻碍了受训教师个性的发展。这种方式即便在学历教育中也常被人们所诟病。一般教师特别是骨干教师，都具有丰富的教育教学经验，他们希望通过培训获得教学方式的示范和指导，讲授式为主的教学方式自然很难为教师所接受。

4. 培训师资缺乏

我国教师培训机构存在的普遍问题是师资结构不合理，构成较为单一，没有一支理论和实践相结合的，适合自然教育的师资队伍。大学培训教师多是高校从事本科、研究生教学的教师，很少有来自自然教育一线且具备丰富工作经验能使教育理论和实践很好结合的教师，一些地方性培训机构，甚至存在因人设课的现象。即便是国家教育主管部门十分关注的新课程培训，也存在层层照本宣科的通病，严重影响了培训质量。

5. 缺乏有效的监督机制

我国关于职业技能培训的监管还比较模糊，对自然教育的归属管理问题缺乏认定与协调，致使各部门职责不明，不易于进行管理，如称谓便有多种，自然体验师、自然讲解员、自然解说员、环境教育师等，与之相关的培训更是五花八门，形形色色。因此，亟需有关部门对自然教育行业相关概念进行统一规范和监管。

（五）自然教育教师培训模式

当前，自然教育教师培训的模式因其不同类型区别，主要分为以下三种。

1. 学校模式

在职师资力量的自然教育培训主要面向中小学校教师开展，其模式与一般教师进修、研习、培训、考核等流程相一致。学校模式主要是以集中授课培训的形式开展，如面对即将新任自然教育教师集中起来进行岗前培训或技能培训，这种形式的培训，时间长短不一，有两个优点：一为培训内容正规，是按国家对新教师的要求来培训；二为学习时间集中，便于教师深钻细学，培训效果明显，我国也多采用这种培训方式。

2. 社会模式

自然教育机构组织的师资培训统称为社会模式，多为"理论＋实践"的形式，以"先理论后实践"为脉络，按自然解说的源起、发展的思路，让课程体系更加顺畅、完整。在课程内容方面，除了自然解说理论与实践、环境教育课程体验等传统课程外，一般会涵盖心理学教育、生态摄影、自然植物甄别和文创设计等与自然教育相关的课程。在全部培训课程学习之后会组织相关的考核或者训练，考核通过后一般会出具主办单位出具的培训证明。面向社会的自然教育培训一般是收费型的培训，尽管如此，这一类培训在国内颇受自然教育工作者的追捧。

3. 实际操作模式

实际操作模式培训主要是针对志愿者队伍建设开展的。主要是通过志愿者之间"传帮带"和集中实操演练等形式进行活动带领、风险防控、课程组织等实操性的工作，有的可能会和自然教育体验活动同时开展。

三、自然教育活动风险管理

（一）为什么要进行安全风险管理

由于自然体验教育活动多是面向青少年的团体活动。因此，活动的安全风险管理非常重要。自然体验教育活动的组织者无论是企业经营性质还是社会公益性质都必须承担保障责任。所以组织者必须要培养很强的安全意识，坚守"安全第一"的原则。在活动开展前组织者就必须充分准备，以"让安全事故不发生，让参与者安全体验活动"为目标，采取保障措施而不是事故发生的补救措施。

（二）如何进行安全风险管理

安全风险管理体现在自然体验教育活动的设计和执行的各个阶段和环节中。比如，在前期的实地踏点中，设定安全底线，明确发生什么问题必须停止活动；每场体验活动都应配备安全负责的专职人员；在体验活动过程中，自然教育工作者对志愿者及参与者注重安全防范意识的塑造。另外，参与者个人及机构的分类保险更是必不可少。

自然体验教育活动的安全风险管理包括自然风险和人为风险。自然风险是指自然界发生的，对自然体验活动以及参与者本身构成威胁和危害的一切非人为因素，一般指气象灾害、地质灾害、火灾、生物危害等；人为风险包括参与者意外受伤、突发疾病、讲解计划由于受到人为干扰意外中断等。

1. 自然风险

自然风险必须坚持"预防为主、避让与治理相结合"的防控原则。作为活动组织者，需要认真分析哪里有安全隐患，详细掌握场地及其周边的地质地貌情况，清楚如何防范事故，以及如果事故发生要怎么应对。另外，要根据自然体验活动区域未来3~7天的详细天气预报，合理调整和改变日程安排，避开极端天气。做好各类气象灾害、地质灾害、火灾、生物危害的针对性防御计划，针对气象条件和场地基质情况，编制地质风险、火险分布图，标注预警等级、并带领受众提前学习。针对临时突发情况，及时组织受到灾害威胁的人员转移、疏散，开展自救互救。

2. 人为风险

人为风险防控对于突发伤病要注意：

A. 在场地存在受伤风险的地方设置警示牌，防止跌打损伤的发生；

B. 充分熟悉场地情况，随时提醒大家注意安全；

C. 活动开始前全面了解受众的身体健康状况，对有发病风险的受众制定针对性防控方案；

D. 应系统学习突发伤病急救知识，并接受系统训练，掌握应急救治方法；

E. 常备突发伤病紧急救治设备；

F. 针对突发伤病情况，及时开展现场救治，并迅速组织伤病人员转移就医。

针对讲解意外中断要注意：

A. 针对性调整讲解内容和方式，充分运用案例、游戏等讲解技巧，增加受众参与程度，调动受众积极性，集中注意力；

B. 认真准备讲解内容，充分熟悉活动场地和受众群体情况；

C. 制定预备方案，针对突发性讲解计划外中断，迅速启动预备方案，稳定受众情绪，防止衍生事故发生。

第三节　自然教育基地建设

自然教育的场域是开展自然教育活动的主体要素，随着行业的进一步规范化发展，为了有效提高自然教育场域的服务能力，提升自然教育的实施效果，自然教育基地建设越来越受到行业内外的广泛关注。什么是自然教育基地？怎样建设自然教育基地？自然教育基地应该具备哪些基础条件？这些问题一时间受到了大家的广泛探讨。本章的余下部分从自然教育基地规划设计出发，探讨如何建设合格的自然教育基地。

一、自然教育基地规划设计

（一）自然教育基地规划设计的原则

根据中国林学会2019年发布的《森林类自然教育基地建设导则（T/CSF 010-2019）》中的定义，自然教育基地是具有以森林为主体的自然资源，具有明确的运营管理机构，配套有开展自然教育活动的设施及人员，且能够提供多种形式自然教育内容体系及所需要的场所。建设自然教育基地一般是在自然资源环境具备独特性、地域性、代表性以及有一定生态教育意义的户外场域，因此在对自然教育基地设计规划时应注意要遵循以下几点设计原则：

第一，保护优先的原则。自然教育基地的规划建设，要始终把注重自然环境、自然资源的保护放在首要位置着重考虑。建设和运营过程中不破坏自然资源、自然景观和保护对象的生长栖息环境，不造成环境污染。

第二，合理规划、科学利用的原则。建设和运营过程中要科学利用现有资源，因地制宜、突出特色，在现有设施无法满足自然教育需求时，在不破坏自然资源的前提下可适当调整。

第三，发挥森林文化的主导性原则。对于以森林为基础的自然教育基地，应当在规划设计过程中充分挖掘森林文化，基地建设应充分体现当地的人文、地理等特征。

第四，低碳节能的原则。设计规划自然教育基地时，应考虑基地的建设风格、建设用材等具体细节，基地建设材料尽量以木、石为主，使用本地环保的建筑材料和清洁能源，突出自然风格。

（二）自然教育基地规划设计的意义

自然教育基地规划，是结合森林资源和环境等禀赋条件，对自然教育基地的功能定位、项目目标、空间布局、市场方向、资源保育、设施设备、运营管理、资金筹集、专业队伍、保障体系和效益分析等，进行的总体策划和设计，并形成具有可行性和可操作性的文件。

它是自然教育空间场所与基础设施建设，自然教育业务管理的一个指导性文件，规划是否科学合理与自然教育基地开发的成败有直接的关系。

自然教育基地规划是自然教育经营主体进行开发建设、经营管理、科学发展必不可少的科学依据，是保证自然教育基地实现经济、社会和生态三大效益和可持续发展的行动指南。

（三）自然教育基地规划设计的主要任务

评价基地及周边的自然教育资源和客源市场；

明确基地的功能定位、发展目标和空间布局；

设置自然教育项目和相关设施装备；

统筹设计基地森林康养服务、营销及支撑体系；
配套构建基地生态环境质量监测、森林、湿地保护等体系；
估算规划期基地建设的投入产出、风险规避及综合效益等。

二、自然教育基地的设施设备

（一）标识系统保障设施

自然教育基地的标识系统，是由各种动植物标志、景观介绍图板和各种文化符号组成的实现自然教育供给的辅助系统。标识系统是自然教育活动质量的重要保障，起着引导游览教育活动、满足受众较高品质体验需求等重要作用，使受众在体验自然教育的同时，又能得到较高品质游览需求的满足等重要作用。

例如基地介绍牌、基地说明牌、自然教育基地解说系统等，能增强受众对自然教育基地的了解，激发受众搜索自然教育体验的兴奋点；而路径指示牌、导游线路牌、安全标识牌、受众休息区指示牌等，则能帮助受众优化和组织自然教育活动，提高体验满意度。

一般说来，自然教育基地标识系统，由交通导引标识系统、解说系统、受众服务中心三个部分组成。

交通导引标识系统，不仅包括地图、路标、游览线路标识图等，还包括路口提醒、公交车次通告等。自然教育基地，无论是动态自然教育为主还是静态自然教育为主，总要布局内部的交通网络，因此，交通标识就至关重要。如自然保护历史较早国家的自然公园和保护地，一般在主要道路两侧、路面都有明显的导视标志或英语文字说明。除此之外，其他如路口提醒、交通设备使用说明、乡野地区的路牌等都从受众需要角度加以设计（图6-16）。

自然教育基地解说系统，包括基地说明、导游画册、广播通知系统、幻灯片、语音解说、资料展示栏、公共信息标识系统（图6-17）等。该系统一般由软件部分导游员、解说员、咨询服务等能动性的解说，与硬件部分导游图、导游画册、牌示、录影带、幻灯片、语音解说、资料展示柜等多种表现手段构成。一般认为，只有导游才具备自然教育说明功能，实际上受众一旦进入自然教育基地，自然教育基地就应该为受众提供最佳的游览服务，让受众"读懂"自然教育基地。

◀ 图 6-16　路径指示牌

◀ 图 6-17　自然教育解说牌

　　受众服务中心（图 6-18），主要是为受众提供各类信息服务的问询部门。也是标识保障系统的组成部分，一般设置在自然教育基地的入口或交通站点。受众中心设置自然教育项目介绍室、设立导游接洽室、自然教育纪念品商店等设施，并为受众提供消费建议；还可以在受众中心增加广播通知系统，提供信息通知和寻人等各项服务，同时也可向受众免费提供宣传印刷品。

◀ 图6-18 自然教育服务中心

（二）自然教育活动设施

自然教育活动设施，是衡量自然教育基地是否合格的重要因素。开展自然教育活动时需要有特定的配套设施，如自然教育室内设施，包括但不限于森林体验馆、森林博物馆、森林创意坊、森林教室等；室外设施，包括但不限于自然观察径、活动平台、露营地、步道（图6-19）、攀岩设施、观景台等。

◀ 图6-19 亚布力虎峰林场景区步道

（三）安全系统保障设施

自然教育基地安全保障，是依据国家和地方有关部门关于自然教育基地安全的制度、政策和法规，结合自然教育基地自身的特点，研究自然教育基地各类活动中的安全问题，发现自然教育基地存在的安全隐患，采取适当有效措施进行控制管理的一系列活动。

具体来说,自然教育基地安全管理主要是对人身安全、消防安全、设施安全、治安、节假日安全和停车场安全的管理。

1. 人身安全保障设施

受众人身安全的保障,包括交通、活动和餐饮安全的保障。第一,要合理规划自然教育基地的交通游览线路,统一管理自然教育基地内的营运车辆和路政设施,严格管理自然教育基地内的游船、缆车、索道等设施(图6-20);第二,要定期进行自然教育基地游乐和各类运动、养生等设备的检测和维修;第三,对自然教育基地内的餐饮业及副食经销单位进行卫生检查登记,并建立严格的监督管理机制,保证餐饮品的质量;第四,多渠道、多方式监督自然教育商品销售点的经营行为,防止宰客、欺客行为的发生。

员工的人身安全主要体现为生产安全,对员工人身安全的管理主要是新员工的安全教育和培训、岗前安全教育和培训以及现场督导等。

◀ 图6-20 湖边安全救生圈

2. 消防安全设施

消防安全设施对具有植被覆盖率高、木构建筑多、火灾引发因素多等特点的自然教育基地来说尤为重要。自然教育基地特殊资源与地理状况,又使得消防安全保障的难度非常大,需要建设行之有效的制度和机制保障。要严格按照国家有关规定合理设置消防水源、消防设施和消防器材,并按国家标准设置消防安全标志;必须遵循《中华人民共和国消防法》《古建筑消防管理条例》等消防法规要求,建立消防制度及奖惩制度,组织防火检查,及时整改火灾隐患,制定灭火和应急疏散预案,组建消防队伍，并定期组织消防演练；自然教育基地内的消防器材（图6-21）应登记造册，有专人负责管理、检查、维修和保养等。

◀ 图6-21 室内烟雾报警器及消防阀

3. 应急救援保障

自然教育基地应当按照"以人为本，救援第一；属地救护，就近处置；及时报告，妥善沟通"的原则，以保障自然教育者生命安全为根本目的，尽一切可能为自然教育者提供救援、救助。应急救援保障包括：组织保障、机制保障和队伍保障。

自然教育基地应当成立事故应急救援"指挥领导小组"，由总经理、保安部经理及设备、卫生、物资等部门领导组成，下设应急救援办公室。日常工作由保安部门监管。

建立灾害、突发事件等应急机制和预案。根据自然教育基地紧急事件的风险程度，建立基地与外部、基地内部各部门、各部门活动的各环节之间联动响应机制和处理紧急事件的预案。合理布置一定数量的医务室、救护车；医务室配备抢救设备、气管插管箱、外伤包、诊箱、搬运设备等医疗救护设备（图6-22）；针对自然教育基地可能发生的意外情况，配备必要的药品和急救物品等。

根据实际需要，同时要建立各种不脱产的专业救援队伍，包括抢险抢救队、医疗救护队、义务消防队、通信保障队、治安队等。救援队伍是应急救援的骨干力量，担负自然教育基地各类重大事故的处置工作。在平时，要加强对各救援队伍的培训。指挥领导小组要从实际出发，针对危险源可能发生的事故，每年至少组织一次模拟演习，把指挥机构和各救援队伍训练成一支思想好、技术精、作风硬的指挥班子和抢救队伍。一旦发生事故，指挥机构能准确指挥，各救援队伍能根据各自任务及时有效地排除险情、控制并消灭事故、抢救伤员，做好应急救援工作。

◀ 图 6-22　应急救援设施

三、自然教育基地主要功能定位

一般来说，自然教育基地的功能应包括但不限于以下几点：

（一）科普教育

科普教育功能是自然教育基地最基本的功能定位，资源类型多样，生物多样性高，具有针对性强、独特的内容体系，能够满足不同群体、尤其是青少年的学习和了解知识的需求，主要以展台、展柜、宣传板等形式展示（图6-23）。

◀ 图 6-23　科普展览柜台

（二）自然体验

自然体验功能是指能够满足受众进入基地后可以感受到基地所处的自然环境变化、独特景观等，提升基地的体验感和受众的满意度等。具体是指自然教育基地中森林季相变化丰富，观花、观叶等植物多，森林面积大的区域（图6-24），或单一资源，特点突出，能够形成独特景观的区域。

◀ 图6-24 内蒙古阿尔山国家森林公园鹿鸣湖

（三）休闲游憩

和其他提供景观服务和大众游览服务的公园、自然景区一样，自然教育基地同样应该具有满足受众休闲游憩的功能，选择空间开阔、安全性高的区域（图6-25），使受众群体能开展游戏、攀登、露营等休闲体验活动。

◀ 图6-25 冰山梁风景区观景平台

四、自然教育基地评定

根据北京市地方标准《森林体验教育基地评定导则（DB11/T 1660—2019）》，评定自然教育基地的几个要素主要有：申报主体、基地权属、管理保障、资源环境、设施、人员配备、课程设置。

（一）申报主体

申报单位具有法人资格或受法人委托，能独立或联合开展森林体验教育工作。

（二）基地权属

基地产权或使用权明晰、边界清楚，能够作为森林体验教育基地长期使用。

（三）管理保障

1. 运营能力

有完善的管理制度，各项制度实施效果良好；有年度工作计划；运营时间不少于 100 天 / 年。

2. 安全保障

有完善的安全制度，有应对突发事件、极端天气、地质灾害和重大事故等的安全预案；有逃生通道和应急避难场所；在基地明显位置张贴安全须知，设置安全警示标识，活动前针对参与者进行安全宣导；每次活动配备至少 1 名安全员，安全员定期接受培训；配备急救包和急救员，急救员定期接受培训，有简单处理突发伤病的能力，熟悉基地周边的医疗资源，保障伤者及时转送医院。

（四）资源环境

1. 基地面积

山区基地面积不小于 $100hm^2$；平原基地面积不小于 $5hm^2$。

2. 森林环境

基地森林环境良好，生物多样性丰富，以北京地带性植被为主，长势良好，结构合理；山区森林覆盖率不低于 50%，平原森林覆盖率不低于 30%。周边 5km 范围内不存在大气、水源、土壤、噪声等固定污染源以及地质灾害等安全隐患。

3. 周边资源

基地周边可利用的其他自然资源和人文资源丰富，有利于设计和开发森林体验教育课程。

（五）设施

1. 室内场所设施

有专门供开展室内活动的场所，面积不小于100m^2，功能分区合理；内容和环境营造突出森林特色。包括但不限于：

服务型场所，如游客中心等；

体验型场所，如森林体验馆、森林教室、森林创意坊等；

展示型场所，如标本馆（图6-26）、森林博物馆等。

◀ 图6-26 动物标本馆

2. 室外活动设施

有户外活动区域，设施设置应与基地的森林环境相融合，体现基地特色，功能分区合理。包括但不限于：基础设施，如广场、步道、自然观察径等；体验设施，如森林科普设施、休闲疗养设施、景观欣赏设施、健身拓展设施（图6-27）等。

3. 解说系统设施

有自导性解说设施，如宣传折页（图6-28）、海报、课程介绍册、动植物图谱、解说标牌、网站、公众号等；内容科学准确、通俗易懂，具有教育性、启发性、体验性。

◀ 图6-27 怀柔星空营地游憩设施

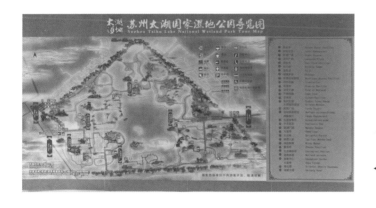

◀ 图6-28 苏州太湖国家湿地公园宣传折页

（六）人员配备

1. 管理团队

管理团队结构合理，岗位分工明确，人员不少于3人；能够承担基地日常运行、后勤保障、安全保障、宣传推广等工作。每年组织不少于4次的业务能力和安全培训。

2. 讲解团队

自然解说员接受过专业学习或专业机构的培训，不少于3人；能组织完成森林体验教育活动。

（七）课程设置

1. 课程开发

有专职课程开发团队或聘请外部专业机构进行课程开发，并定期更新和优化。

2. 课程类型

体验课程类型多样，至少包括感知型审美体验、认知型学习体验和参与型实践体验 3 种类型中的 2 种；体验课程数量不少于 5 项，其中至少有 1 项基地特色体验课程。

第七章　自然教育政策体系

我国自然教育事业起步较晚，工作开展还不平衡；很多自然保护地还没有开展这项工作，自然教育资源还没有得到有效利用；自然保护地自然教育功能区分不够，缺乏统筹规划；社会开展自然教育功能区分不够，同样缺乏统筹规划；社会开展自然教育的积极性没有得到发挥，教育机构和自然保护地衔接不够；自然教育内涵体现不充分、效果不够突出；自然教育教材水平参差不齐，难以达到应有效果。

开展针对自然教育的相关政策法规建设是保障自然教育活动顺利开展的条件。目前自然教育的市场更像是自下而上自发去推进的新兴市场，自然教育的顺利发展需要相应的宏观管理和顶层设计，需要自上而下的推动，建议相关部门统一管理部署，相关协会与机构负责具体落实，制定国家标准、行业规范。

第一节　自然教育相关政策法规建设基本情况

一、自然教育法规政策

到目前为止，只有国家林业和草原局于2019年4月1日印发了国内唯一的一个以自然教育为主题的指导性文件，即《国家林业和草原局关于充分发挥各类自然保护地社会功能大力开展自然教育工作的通知（林科发〔2019〕34号）》。在该《通知》基础上，广东与四川两省依据本省自身实际情况印发了《广东省林业局推进自然教育规范发展的指导意见》和《四川省森林自然教育基地评定办法（试行）》。除此之外，中国林学会在2019年年底起草并发布了4项与自然教育相关的团体标准，分别是《森林类自然教育基地建设导则》《自然教育标识设置规范》《自然教育基地评定导则》和《自然教育基地建设导则》。以上政策文件和团体标准的内容主要是围绕自然教育基地的建设而展开，较少地涉及自然教育活动的组织、人才和课程等内容。

二、环境教育与研学旅行法规政策

由于自然教育与环境教育和研学旅行的相关性，所以环境教育与研学旅行的相关政策文件对自然教育活动的开展和相关政策法规的制定具有一定的借鉴意义。到目前为止，国家层面有关环境教育的指导性文件是《环保部等6部委全国环境宣传教育行动纲要（2011—2015年）（环发〔2011〕49号）》，有关研学旅游的指导性文件是《教育部等11部委关于推进中小学生研学旅行的意见（教基一〔2016〕8号）》。以上两个文件从"环境保护宣传教育"和"全面推送素质教育"的角度，对环境教育和研学旅行的开展进行了指导性规划，主要包括组织协同、课程设计和保障措施等方面。

三、自然教育载体相关法规政策

自然教育是师从于自然的教育活动，因此，与自然资源相关的政策法规的保护对象正是自然教育活动的载体。到目前为止，我国的自然资源相关的政策法规主要包括《中华人民共和国环境保护法》《中华人民共和国森林法》《中华人民共和国海洋资源法》和《中华人民共和国水资源保护法》等，以及在以上政策法规的基础上颁布的《中华人民共和国陆生野生动物保护实施条例》《中华人民共和国森林公园管理办法》和《中华人民共和国自然保护区条例》等。以上政策文件对开展自然教育的载体资源的保护产生积极的意义，以上政策文件对资源利用与保护的相关条款与实施细则对自然教育活动中的参观游览、考察学习和休息体验等活动的开展也提出了规范性要求。

第二节　主要政策法规内容介绍

一、综合性自然教育活动相关政策法规

《国家林业和草原局关于充分发挥各类自然保护地社会功能大力开展自然教育工作的通知（林科发〔2019〕34号）》强调，大力开展自然教育，对建设生态文明，引导广大公众更广泛地参与自然保护事业，满足人们日益增长的教育、精神、文化需求，推进林业现代化发展和林业草原产业转型升级，提高人民生活质量，将产生日益深远的影响。该文件明确指出，为保障自然教育的顺利开展，各级林业和草原主

管部门要把自然教育工作摆到全局位置，与保护工作同步部署、同步实施、同步检查，不断加强对自然教育工作的科学研究，制定科学合理的规划；要在保护前提下，不断提升自然保护地基础建设水平，为自然教育工作提供有利条件；要利用现有设施和场所，积极与企事业单位、社会组织等机构联合开展自然教育工作，构建多元推进的工作模式；要借鉴国际、国内的先进经验和有效措施，着力推动自然教育专家团队、优质教材、志愿者队伍建设，逐步形成自身的自然教育专家团队、优质教材、志愿者队伍建设，逐步形成自身的自然教育体系。

根据《教育部等11部委关于推进中小学生研学旅行的意见（教基一〔2016〕8号）》的要求，开展研学旅行，有利于促进学生培育和践行社会主义核心价值观，激发学生对党、对国家、对人民的热爱之情；有利于推动全面实施素质教育，促进书本知识和生活经验的深度融合；有利于满足学生日益增长的旅游需求，从小培养学生文明旅游意识，明确提出要将研学旅行纳入中小学教育教学计划，各中小学要结合当地实际，把研学旅行纳入学校教育教学计划，与综合实践活动课程统筹考虑，促进研学旅行和学校课程有机融合；要加强研学旅行基地建设，建设一批安全适宜的中小学生研学旅行基地，并探索建立基地的准入标准、退出机制和评价体系；打造一批示范性研学旅行精品线路，形成布局合理、互联互通的研学旅行网络；各基地要将研学旅行作为重要的教育载体，根据小学、初中、高中不同学段的研学旅行目标，有针对性地开发多种类型的活动课程；各地要成立由教育部门牵头，发展改革委、公安、财政、交通、文化、食品药品监管、旅游、保监会和共青团等相关部门、组织共同参加的中小学生研学旅行工作协调小组。

《环保部等6部委全国环境宣传教育行动纲要（2011—2015年）（环发〔2011〕49号）》强调，环境宣传教育作为环境保护工作的重要组成部分，要紧紧围绕党和国家工作大局，按照党中央、国务院对新时期环境保护工作的总要求，贴近实际，贴近群众，贴近生活，深入探索新形势下做好宣传教育的新思路和新举措，积极宣传党和国家的环保方针和政策，开展以弘扬生态文明为主题的环境宣传教育活动，推进全民环境宣传教育行动计划，引导公众积极参与支持环境保护，为"十二五"时期环境保护事业发展提供有力的舆论支持和文化氛围，着力宣传环境保护对于更加注重民生、转变经济发展方式和优化经济结构的重要作用，着力宣传以环境保护优化经济增长的先进典型，着力宣传推进污染减排、探索环保新道路的新举措和新成效，着力创新宣传形式和工作机制，积极统筹媒体和公众参与的力量，建立全民参与环境保护的社会行动体系，为建设资源节约型和环境友好型社会、提高生态文明水平营造浓厚舆论氛围和良好的社会环境。

二、与自然教育相关的专门性政策法规

与自然教育活动相关的专门性政策法规主要集中体现在自然资源保护方面。

《中华人民共和国森林法》（2019年修订）是为了践行绿水青山就是金山银山理念，保护、培育和合理利用森林资源，加快国土绿化，保障森林生态安全，建设生态文明，实现人与自然和谐共生，制定的法律。

海洋资源是指在利用一切技术及经济条件，在海洋中寻找的对人有使用价值的物质和能量。《中华人民共和国海洋资源法》（2017年修订）主要针对海洋污染、海洋生态破坏、海洋资源浪费的问题。

《中华人民共和国水法》（2016年修订）以保护水资源和改善水环境状况为宗旨，结合流域及区域水资源保护监测规划编制工作实践。

《中华人民共和国防沙治沙法》（2018年修订）是为预防土地沙化，治理沙化土地，维护生态安全，促进经济和社会的可持续发展而制定法律。

《中华人民共和国自然保护区条例》（2017年修订）是为加强自然保护区的建设和管理，保护自然环境和自然资源而制定。该《条例》明确了自然保护区的建设、管理和相关法律责任。

《森林和野生动物类型自然保护区管理办法》（1985年）：自然保护区是保护自然环境和自然资源、拯救濒临灭绝的生物物种、进行科学研究的重要基地，对促进科学技术、生产建设、文化教育、卫生保健等事业的发展具有重要意义。根据《中华人民共和国森林法》和有关规定，1985年6月21日国务院批准，1985年7月6日林业部公布施行《森林和野生动物类型自然保护区管理办法》。

《森林公园管理办法》（2016年9月22日国家林业局令第42号修改）是为了加强森林公园管理，合理利用森林风景资源，发展森林旅游，根据《中华人民共和国森林法》和国家有关规定所制定。

第三节 自然教育政策体系建设建议

一、自然教育制度体系设计

要全面落实自然教育重点任务，需要广泛凝聚多元力量，合作推动自然教育事

业发展。一方面，组织专家团队深入开展自然教育中长期战略研究和基础理论研究，形成具有中国特色的自然教育理论体系，在此基础上，适时推出种类齐全、内容丰富、影响深远的自然教育课程、路线、教材和特色产品。另一方面，加强自然教育学校（基地）建设，提升教育活动质量。据此，为了满足自然教育产业的可持续性发展，需要从行业规范性出发，构建自然教育发展的业务规范、人才规范和基地规范等方面的制度体系，并积极开展相关的标准体系建设，推动自然教育规范化。

二、自然教育的制度建设

自然教育是一个由诸要素组成的系统，涉及的主体和领域极为广泛，需有一个强有力的组织管理制度加以统筹运转，统一组织实施。一是从政策上明确负责自然教育的政府工作机构和职能，由政府或政府指定的组织机构建立自然教育委员会进行统筹协调，形成互为补充、分工协作的工作机制。二是从政策层面明确学校、森林公园和自然保护区等单位开展自然教育的义务，在以上单位建立职能部门开展统筹规划、分级管理的自然教育工作机制。通过自然教育立法和制定相关部门的行政法规，确立自然教育发展的人、财、物保障制度。在自然教育法规以及具体实施细则中根据不同地区、不同开展自然教育活动的自然保护区、森林公园、自然教育专门机构和学校的情况设定自然教育师资人员、课程数量、实践基地建设标准和经费投入量、经费年度增长幅度、专项项目定向补助方式和业务用房、教育机构软硬件建设的标准等。从行政管理法规上明确全员参与自然教育的职责并将其纳入学校日常工作部署的要求，以法规形式凝练自然教育运营机构的建设标准，以法规制度的刚性和明确性来保障自然教育的持续推进。

三、自然教育人才队伍建设制度

自然教育的第一线实施者是自然教育教师（自然讲解员、自然资源体验教练）。专业自然教育师资队伍建设是自然教育的起点，也是贯穿自然教育发展始终的重要环节。构建自然教育的专业师资队伍建设机制，一是赋予开展自然教育工作的机构专业岗位人员工作的职责，在这些专业师资人才的职称评定、年度考核等指标体系之中，加入自然教育课程的开课情况、讲授课时和授课效果评价等内容。二是制定激励政策，鼓励有条件的单位聘用专门从事自然教育的教学、科研和普及工作的教师，广泛建立自然教育有关学科点、研究机构和公共资源平台。三是在教育主管部门和人事主管部门制度化的师资培训中，加入自然教育教学技能等方面的课程，鼓励各专业的教师结合自身学科特点在课程渗透自然教育。四是将各机构的自然教育培训项目整合成一个系统有机的自然教育培训体系，通过多种渠道进行常态化发布，并设立专项基金支持更多高素质人才参加自然教育培训项目。

四、自然教育课程与教材建设制度

自然教育是师从自然的教育，其核心内容来源于自然。自然教育的课程与教材是承载自然教育内容的载体，关系到"教什么、用什么教"的核心命题。构建自然教育的课程制度，应以系统设置自然科普和自然实践教育专门课程为核心，逐步在自然环境教育、生态伦理教育、地理教育等课程中渗透自然环境知识、生态文明知识和参与技能。并且，有关部门应组织制定《自然教育大纲》以及实施细则，将自然教育课程全面纳入学校的日常课程体系和公职人员培训体系。从教材方面来说，一方面将自然教育纳入学校教材编写、修订体系，设置自然教育教材编写委员会，设立专项的教材编撰课题和基金，将自然教育的内容全面渗透到相关课程教材之中；另一方面广泛运用新媒体技术，将自然教育教材电子化、便捷化和社会化。实现自然教育的专业学校教材和社会读本的双体系建设。

五、自然教育评价制度

应在自然教育法规及其实施细则中规定自然教育的准备工作、实施过程和教育结果的评定与检测，具体包括自然教育的重视度、自然教育工作的财物投入和绩效产出、教育内容、环境教材、师资及公众自然素养评价等，明确评价的主体、评价的程序、评价的期限、评价结果的运用等细节。通过定期的评估体现不同地区、不同单位自然教育的优劣，为自然教育政策决策和表彰奖励、惩处提供科学的依据。

六、自然教育公众宣传制度

创新宣传方式，开展丰富多彩的全民自然教育宣传活动。做强做大自然教育主题宣传、成就宣传和典型宣传。不断改进宣传内容及形式手段，丰富宣传题材、风格和载体，贴近公众、贴近生活、贴近实际、深化自然教育试点基地的创建工作，传播生态文明理念，引导公众自觉参与自然教育活动，转变生产与生活方式，树立人与自然和谐相处的生态文明观，不断增强公众对自然教育的客观认识。

第八章 智慧化的自然教育

提起类似互联网等科学技术，大家直觉上通常会认为是与自然教育的理念背道而驰的，因为互联网在我们的日常使用中，不仅没有拉近我们同大自然的距离，反而使得我们接触大自然的机会越来越少。因此我们不禁提出疑问"自然教育和互联网等新科技是对立的吗？"

德国著名哲学家卡尔·雅斯贝尔斯（Karl Jaspers）说："教育的本质是一棵树摇动另一棵树，一朵云推动另一朵云，一个灵魂召唤另一个灵魂。"做自然教育工作也是如此。如果我们把实践中自然教育的过程简单地划分为"事前""事中"和"事后"三个阶段，即：普及自然教育理念、开展自然教育活动、巩固及归纳自然教育成果，那么，对未接触过自然教育的人群而言，从了解"什么是自然教育？"开始，教育所被赋予的"摇动""推动"甚至"召唤"的功能就已经开始显现了。

因此，可以说自然教育是一段旅程，它的起点不仅包括核心的教育课程，其实还应该包括前期的倡导和传播，后期的进阶教育和巩固维护。从这个角度看，自然教育不仅和科技不是对立的，更是在"事前""事后"两个阶段迫切需要科学技术的支持。

第一节 从互联网到自然教育

随着信息化技术在社会的各个方面的不断渗透，教育领域的信息化变革正悄然发生，"互联网＋教育"就是互联网技术与教育领域相结合的一种新的教育形式。根据智研咨询数据，2019年我国在线教育市场规模为1600亿元，预计2022年达到3102亿元。通过互联网打破教育资源的时空限制，实现优质教育资源的共享，既是教育主管部门希望看到的，更是教育资源相对处于劣势地区的学校师生及家长的迫切期望。在线教育对传统教育方式的改变是看得见的，特别是2020年的新型冠状病毒肺炎（以下简称新冠）疫情，使得线上学习在从小学到大学的教育中，已经成为了司空见惯的事。同样地，把互联网技术适当地运用到自然教育中来，是与教育领域变革方向趋同的，它不仅可以高效、快捷、方便地把自然教育的理念普及和传播出去，还可以进一步巩固我们在自然教育中取得的现有成果。

一、通过互联网普及自然教育

目前，我国自然教育的发展尚处于初级阶段，有一部分人群对自然教育产生一定的兴趣，但是了解度和接触程度尚不高。调查发现，有孩子的人和青壮年更关注自然教育，自然教育机构的目标人群也大多锁定在儿童或亲子之上，但这与自然教育的全民性和终身性有一定的偏离。而我国每人每天平均使用移动互联网时间达5小时左右，那么把自然"搬进"手机里，让人们在手机里了解自然、了解自然教育，从而愿意放下手机走进自然，是当前自然教育发展的必由之路。因此，通过网站、APP以及自媒体等互联网平台向人们普及自然教育不失为一个理想的传播窗口，可以预料，互联网平台未来将在自然教育的引导、辅助、宣传、交互等方面起到重要作用。

（一）网站

在互联网迅速发展的时代，公司网站已然成为公司在网络上的一张名片。自然教育机构通过建立美观大方的机构网站（图8-1），有利于提升机构形象，会让用户感觉到机构管理科学化、智能化，能够增加用户对机构的信任感。相较于其他互联网平台，网站可展示的信息样态丰富，信息量扩充空间大。同时，网站的网址恒久不变，容易联想，方便用户持续地随时了解机构的最新动态。

◀ 图8-1 生态环境教育信息服务平台

（二）APP

手机中的 APP 是带领人们享受移动互联网生活的载体，发挥着不可替代的作用，我国已超越美国成为世界上 APP 开发数量最多的国家。自然教育可以借机搭载 APP 的顺风车进入千家万户。对于自然教育机构而言，开发自己的 APP（图 8-2）也有助于品牌推广、扩大市场份额以及优化客户体验。

◀ 图 8-2　自然教育学校 APP 首页示例

（三）社交平台

微信公众号（图 8-3）、微博、贴吧等各类社交平台也是自然教育传播的重要媒介。其中，微信公众号的针对性强，推文完整性较高，有较好的用户黏性；微博则适合信息长度较短的活动发布，一般做互动宣传之用，科普文章较弱，在发布的内容上面更具生活气息；另外，贴吧的使用有助于最大化聚集类似人群，具有良好的讨论氛围，从当前的搜索结果来看，入驻贴吧的自然教育机构还比较稀少。

（四）短视频平台

以快手、抖音（图 8-4）、秒拍、美拍等为主的短视频平台是近年来发展较为迅猛的新型自媒体平台，现已成为新的互联网宠儿。这些平台的开放性强，其用户往往会发布时间较短、内容有趣的视频文件，符合快节奏的城市生活，简单、直白、轻松。此外，它们具有的直播功能，也满足实时分享生活的趣味瞬间的需求。自然教育机构可以利用此类平台的优势特点，进行宣传和品牌推广。

自然教育指南

◀ 图8-3 中林联林业规划设计研究院微信公众号自然教育专题

◀ 图8-4 某抖音号自然教育专题

从2014年首届全国自然教育论坛开办以来，自然教育在中国已逐渐形成一个行业，而不是仅仅作为公益或半公益组织进行的活动。自然教育是一个全民的、终身的教育，自媒体的出现，能够以其个性化、碎片化、交互性、群体性和传播性的特征，为自然教育行业注入新的活力，扩大自然教育的接触人群，在一定程度上弥补自然教育的幼龄化。从自然教育的普及现状来看，微博和微信是使用频率最高的宣传平台，通过手机刷微博、微信可以不受时间和地点的限制，走在路上、坐地铁、等公交的时候，我们经常看到人们低着头看手机，过去这些零碎的时间人们可能会发呆无聊，但现在人们更多地在自媒体平台上浏览信息、分享信息，这有效满足了自然教育机构和自然教育受众之间信息沟通交流的需求。人们在关注自然教育相关互联网平台的过程中，能够逐渐形成热爱自然，渴望了解自然的偏好。

二、提供自然教育网课

从了解"什么是自然教育？"到实地参与到自然教育的学习活动当中，这其中还有一段不短的旅途。仅仅为大众普及自然教育理念是远远不够的，还需要向他们展示自然教育的实践活动是如何开展的，有哪些知识是需要通过自然教育才能获得的，等等。为了达到这些目的，录制或直播自然教育相关网课是非常有必要的。通过这种课程教育的形式，会有效提高人们放下手机，加入到自然教育活动中的概率。自然教育的网课不仅仅要包括传统的知识讲授模式，还要展示自然教育的活动样态，为人们揭开自然教育的神秘面纱，让人们对自然教育形成更加直观的认识和了解。

（一）通过 APP 展示录制课程

近年来PC端流量大幅度萎缩，而移动端的流量大幅增长，大屏手机的普及加上现如今政府号召流量费用降低，未来在线教育的一个方向是随时随地的学习，利用学生的碎片化时间进行学习，比如利用5分钟微课的时间去学好一个知识点等等。录播课将成为在线教育内容主要的载体之一，也是在线教育未来不可或缺的一部分。站在自然教育机构的角度来说，录播课的课程可以事先做好极为细致的准备，后期进行剪辑优化，只要在视频录播前做好细致的准备，便可做出一节内容丰富、活动有趣的课程，而这种体验是直播课程无法做到的。而且课程内容可以持续给机构带来价值，吸引关注，课后产生的问题可以统一安排解答。如今很多教育机构在录播课上应用了很多有趣的互动、问答、弹幕等功能，很好地解决了录播课互动难的问题，可以预料未来录播课的互动功能开发也会越来越多，那么录播课的未来依旧是不容小觑的。

（二）通过直播平台展示自然教育实践活动

直播平台网络直播是可以同一时间通过网络系统在不同的交流平台观看影片，是一种新兴的网络社交方式，越来越多的人们愿意参与其中，直播并分享自己的生活，全民直播渐成趋势，网络直播平台也成为了一种崭新的社交媒体。利用互联网的直观、快速的优点，以视频和语音代替面谈，却也拥有面谈的说服力，结合内容丰富、交互性强、不受地域限制特点，加强了活动现场的推广形式。现在有很多自然教育机构会提供一定的直播活动，主要目的在于活动前期的解疑，活动期间的同步直播分享，也有和网络课程结合，进行室内的自然教育课程。如今，"5G"技术在教育领域的广泛推广能够带来更为流畅的直播课体验，对于线上教育来说跟面对面交流信息传达速度几乎是一致的。

三、巩固和分享自然教育成果

在开展完自然教育的核心课程和活动以后，自然教育的旅途还未到达终点，还需要进一步巩固和分享自然教育的学习成果。

（一）自然笔记

自然笔记是图画和文字结合形式的自然观察日记，本质上是一种科学考察、科学观察或实验记录。这种观察记录不是摘抄书记、网络上的内容或他人的记录，是要记录从自然观察中得到的收获和感悟。20世纪初，美国加州大学的格林内尔（Grinnell）设计出一套高效的科学调查记录方法，其基本原则是每次笔记都要写下时间（精确到分钟）、日期、位置、前往路线、天气和生活环境，以及观察到的物种、动物行为等其他现象。这一自然笔记的记录方法被称为格林内尔法（Grinnell System）。在此基础上，随着时间的演变慢慢形成了现在的自然笔记。20世纪80年代初，在克莱尔·莱斯利（Clare Leslie）等人的推广下，自然笔记在美国迅速风靡起来。2008年，莱斯利的著作《笔记大自然》中译版在我国发行，自然笔记和与之相关的自然教育活动在国内逐渐盛行。记录自然笔记所需的工具非常简单，包括纸、硬纸板、笔、橡皮等。而进行自然笔记活动的场所也多种多样，只要所处的环境中有植物、动物、岩石、甚至是天上的云朵，我们都可以进行自然笔记的记录。目前规范的自然笔记包括时间、天气、地点、记录人、文字、图画和主题七个部分，其中时间、天气、地点和记录人是科学记录的要素，文字和图画是自然笔记的主体，主题是对所观察物体的总结。一份优秀的自然笔记作品除了这七个部分，还应有主题独特鲜明；作者观察到的自然现象客观真实；展现发现或观察的过程；记录提问、思考、推理、科学探究的过程；以图文结合的形式进行的记录准确而科学；版式设计科学美观；包含作者的感悟或者收获等特点。

目前，自然笔记是大多数自然教育活动的重要成果，收集整理活动中形成的自然笔记，将优秀的自然笔记作品同参与者分享，并以图片或文档的形式上传到互联网保存都是优质的自然教育过程的一部分，有助于提高自然教育参与者的获得感。

（二）后期反馈调查

利用互联网健全自然教育活动评价体系。目前众多自然教育机构面临的一个共性问题是缺乏教育评价体系，没有与自然教育受众形成良好的互动反馈机制。缺乏后期反馈调查的自然教育活动是不完整的，缺少了"事后"这一环节。而自然教育活动后期反馈调查的重要性就在于能够同活动的体验者建立起良好的沟通机制，了解机构活动的优势和不足，在优化自然教育活动设计的时候能够更具有针对性，从而增强自然教育活动的效果。良好的后期反馈机制在一定程度上也可以提高互动参与者的"二次参与率"，在机构品牌的建构方面也具有重要价值。在具体的实施过程中，活动后的反馈评价可以有活动参与者进行现场表格填写或者网络表格填写，但是为了便于后续数据处理和存档的要求，自媒体平台是一个更优的选择，它可以快速方便地获取用户的反馈数据，如点击量、跳出率、转发数、收藏数、评论量等。

第二节　运用新兴技术服务自然教育

科学技术在自然教育中的应用除了在"事前"和"事后"两个阶段，在自然教育的核心课程体验中也可以发挥独特的作用。

近年来，新兴技术涌现并逐渐被运用到教育领域，这正在深刻影响并改变人们的学习方式，它在色彩、动画及表现手段上比传统教育的手段更加形象、生动，立体感强。研究表明，新兴技术可以调动人们的视觉功能，通过直观形象、生动的感官刺激，让人们最大限度地发挥潜能，在有限的时间内，全方位感知更多的信息提高教学效率，激活学习的内因。因此，虽然教育仍然是一个以"内容为王"的时代，但新兴技术正在用它独有的方式改变着教育的方式。

在自然教育的过程中使用新兴技术，不仅可以很好地衔接当前自然教育的内容，也是科学技术的发展在自然教育领域的重要补充，有助于人们面对大自然进行独立的探索，在实践中丰富知识，开阔视野。另外，新兴技术在提高"内容"质量的同时，也可以帮助我们在硬件设施上提高自然教育的服务质量，确保自然教育在安全可靠的环境中展开。

一、运用新兴技术丰富自然教育形式

（一）二维码和 AI——植物科普

二维码是近年来移动设备上较流行的一种编码方式，它比传统的条形码能储存更多的信息，也能表示更多的数据类型，目前广泛应用于信息获取、网站跳转、手机电商、防伪溯源等方面。自然教育对二维码的应用主要体现在二维码树牌上，因为普通的植物名牌通常只包含植物的中文名、拉丁名、科属和产地几项内容，规格较小，内容也有限。为了使游客能够了解更多的植物信息，可对基地的植物进行有针对性的二维码挂牌（图 8-5），包括基地所栽种的植物（如侧柏、山杏、碧桃、野酸枣、迎春）以及野生花卉（石竹、野菊花、紫堇）等，让每种植物都有自己的"身份证"。游客通过扫描二维码，可以获得植物的形态特征、生长习性、栽培技术、繁殖方法、重点品种以及植物文化相关的内容，这些信息以图片、文字或视频形式呈现，文字适合家长及专业学者浏览，视频则是以趣味的动画形式制成，适合小朋友们观看。通过二维码这种方式，人们获取信息的方式更加便捷，在一些没有解说人员的森林公园，家长和小朋友也可以玩得快乐，学得快乐。

◀ 图 8-5 二维码和 AI 在自然教育中的应用

人工智能（AI）是计算机科学的一个分支，主要是研究如何让计算机去完成以往需要人的智力才能胜任的工作，随着科技的发展，人工智能越来越流行，与各行各业的结合也越来越紧密，自然教育在发展过程中也可以考虑与 AI 结合进而增强教育效果，丰富教育形式。与二维码相同，AI 在自然教育中的应用主要也是植物科普。我们知道，人们出门游玩时经常会发现一些美丽的花草，但大多数人对这些花草并不了解，想要知道它的名称及信息，可能需要翻阅书籍或上网查询，有时还得请教专家，但有了 AI，这一切都变得简单。目前国内已出现了"花伴侣""形色""发现识花""微软识花"等植物识别软件，百度浏览器也增加了识花功能，甚至还有识别"多肉"植物的专门 APP。使用者只需将花草的照片拍摄上传，软件就能显示该植物的名称和相关介绍。据调查显示，大部分人对于这些 APP 软件感觉还是比较新奇的，他们认为软件可以帮助自己去识别身边的花花草草，免得每次都只是简单看看，想深入了解，却难以入门。可见，植物识别软件在自然教育科普方面具有很大的潜力。

（二）AR——增加自然教育趣味性

AR（增强现实）技术是一种将虚拟信息与真实世界巧妙融合的技术，将计算机生成的文字、图像、三维模型、音乐、视频等虚拟信息模拟仿真后，应用到真实世界中，两种信息互为补充，从而实现对真实世界的"增强"。目前为止，AR 出现的时间已经超过 60 年，技术日渐成熟，应用范围也越来越广阔，军事、销售、娱乐、教育、技术、传媒、旅游、医疗等八个领域，都是 AR 增强现实的发展方向。据 Grenlight 预测，2020 年 AR 市场规模将达 450 亿元，届时也将迎来更加高速的增长，产品形态和内容平台更加丰富，有望在更多场景落地。AR 技术（图 8-6）的火热使人们对它的应用充满了兴趣，自然教育机构恰好可以利用这一点，开发出获得公众喜爱的 AR 产品，进而吸引到人们参与到自然教育过程中来。

◀ 图 8-6　AR 技术在自然教育中的应用

1. 虚拟讲解员

虚拟讲解员是一款充分体现语音识别技术和图像合成技术的 AR 产品，计算机通过把游客与计算机中的讲解员合成到一个场景中，实现讲解员与游客之间的互动。自然教育中虚拟讲解员的应用，主要体现在补充自然教育从业者和丰富讲解内容及形式两方面。一方面，目前国内自然教育从业者的培训机制还不够完善，自然教育要求从业者必须具备丰富的植物学知识，以及更重要的，要有一种对自然由衷热爱的情怀，但在实际自然教育活动中，也时有解说员为了介绍植物详细知识而随意采摘叶片，这实际上对受众造成了不良影响，从业者尚都如此不敬畏自然，如何教育孩子们热爱自然？虚拟解说员的出现恰好能够防止此类现象的发生，同时也缓解了从业人员人数不足给自然教育带来的问题。另一方面，基地拥有丰富的植物，每种植物背后都有自己的文化故事，人工讲解员面对如此多种的植物时可能讲解比较单一，但 AR 技术创建的虚拟讲解员由于是计算机提前导入各种信息，当面对某一具体植物时，就可以在海量数据中筛选出相关知识，从而丰富讲解内容。此外，虚拟讲解员还可以丰富讲解形式，例如，虚拟讲解员可以以卡通人物的形象出现，如小熊维尼、加菲猫、多啦 A 梦、泰迪熊、米老鼠等，相信这些深受孩子们喜欢的卡通人物一定会给自然教育带来不一样的体验，在提高孩子们兴趣的同时向孩子们科普知识，进而提高教育效果，正所谓学习玩乐两不误。

2. AR 游戏

AR 游戏是 AR 在游戏方面的应用，无需设备或仅需便捷设备支持便可获得较好的体验，社交性与强代入感是其鲜明特征。社交性自然不必多说，在 AR 游戏中人们可以在地图上看到其他的小伙伴，与他们组成队伍一起去做任务。在代入感上，AR 游戏应用了 GPS 定位系统和场景识别系统，将虚拟环境与真实地图相结合，让整个现实世界都成为了可操作的"沙盒"。自然教育在 AR 游戏方面大有可为，相比被动接受讲解员传递的信息，一些基于植物科普的增强现实技术的互动类游戏或活动，更能吸引参观者。

下面两个自然教育可供参考的案例，可以用来把 AR 游戏应用到植物探秘或小朋友们的作品中，增加自然教育趣味性。一个案例是大英博物馆一个名为"献给雅典娜的礼物"的有趣的冒险游戏，参观者需要使用 AR 功能扫描特定的展览对象，收集词语和数字道具来解决谜题。参与者通过解开一个个小谜团来打开通往下一个故事的锁。通过这样的形式，参与者在学习的过程中一点一点接受相关展品的知识。另一个案例是纽约 MoMA 博物馆的 AR 应用，来自全球的参与者可以在线提交自己的作品，随后它们被内嵌于博物馆的虚拟空间里，成为了一个叠加在常规展之上但又不甚相关的"隐藏展览"，现场的参观者必须通过特定的 APP 来召唤出这些有意思的展品。

3. AR 互动

AR 互动是利用增强现实技术建立基于手机和定位的在线交流，比之传统单纯观赏视频，运动和视觉的双重冲击更能加深人们的理解和记忆，对彰显基地品牌聚集基地人气具有非常好的作用。基地可以建立自己的 AR 移动终端 APP，人们可以在基地植物旁的虚拟空间中留下对于植物的评价，同时还可以将照片、语音分享至主流社交平台上进行大众互动与学习感想交流等，这些评论会被永久保存，人们下次来到这里的时候还可以看到之前的记录，便可体会到新旧交替、时空穿越的交叉性。同时这种平台式的交流方式，可以把自己的感想传播给更多的人，通过这种方式，每个小朋友都可以了解到别的小朋友的看法，进而间接实现信息互动与交流。

4. AR 衍生品

AR 衍生品是将动植物科普附着于日常生活用品上，进行科普与生活的混搭，如 AR 卡牌、AR 明信片、AR 书籍、AR 徽章等，这些载体本身也是 AR 元素的依托，即将这些载体放在手机摄像头面前进行二维码扫描，有关动植物的数字化内容就会展示出来，让人们在其他地点也能体验到相关内容。AR 书籍是利用增强现实技术将传统纸质阅读拓展为 3D、互动、有声的阅读，让立体生动的虚拟景象出现在阅读者眼前，强大的交互性会增强读者的带入感和参与感，从而可以提升读者的学习乐趣和自主性。AR 明信片、AR 徽章等和 AR 书籍一样，也是叠加动画和语音，使动植物"活起来"，使得读者看到的不再是平面的单调的图片，通过扫描明信片和徽章，人们可以听到真实的鸟叫声，看到真实的老虎，这些都能更好地吸引人们的注意，进而有利于自然教育效果的提升。这里需要注意的是，丰富而优质的内容是数字化衍生产品的基础，如若本末倒置，过度注重表现、传播形式，而忽略内容、人云亦云，则会使教育效果大打折扣。因此，科普读物必须树立自身品牌的特色，塑造品牌形象。

（三）VR——提高自然教育可能性

VR（虚拟现实）技术是一种可以创建和体验虚拟世界的计算机仿真系统，它利用计算机生成一种模拟环境，使用户沉浸到该环境中。VR 技术现在受到了越来越多人的认可，人们可以在虚拟现实世界体验到最真实的感受，其模拟环境的真实性与现实世界难辨真假，让人有身临其境的感觉；同时，虚拟现实具有一切人类所拥有的感知功能，比如听觉、视觉、触觉、味觉、嗅觉等；最后，虚拟现实还具有超强的仿真系统，真正实现了人机交互，使人在操作过程中，可以随意操作并且得到环境最真实的反馈。正是由于 VR 技术的存在性、多感知性、交互性这些特征，它现在在许多领域都得到了应用。自然教育对 VR 技术的应用主要体现在三个方面，一是人们可以通过 VR 技术体验到目前无法感知的远古自然，比如恐龙时代；二是人们可以通过 VR 技术体验到平时不太能接触到的自然，比如观察北极熊；三是 VR 技术（图 8-7）可以给人们提供动物独特的视角来感知自然，真正体验动物眼中的世界。下面通过介绍三个对应的案例，为基地将 VR 技术应用到自然教育时提供参考借鉴。

◀ 图 8-7　VR 技术在自然教育中的应用

1. VR 提供人们体验远古自然的可能性

25 年前，电影人在大银幕上"复活"了千万年前地球的霸主——恐龙，这点燃了所有人对恐龙的热情，人们不禁会想，像恐龙这样一个庞大的占统治地位的家族，为什么会突然就从地球上消失了，为了对这一灭绝生物有更多的了解，Google 虚拟博物馆便使用 VR 技术带人们重返侏罗纪时代。Google 与伦敦自然历史博物馆合作制作恐龙线上导览 360 度影片，用户只需打开程序，就可以通过影片观察到 1.8 亿年前恐龙的形态与生活环境。此外，Google 也采用 VR 技术重现了 13m 高的长颈巨龙的原始形态，且恐龙眼睛的尺寸、鼻子的位置、颈部弯曲的幅度、皮肤的纹理和皱褶等都经过专业的科学家团队验证。总结说来，VR 技术可以实现全景复原，令原本枯燥无味的平面知识通过虚拟画面加上特定的声音和讲解，让体验者们感受所设定的情境,以最直观的方式把远古世界带给大家,这种技术的应用非常有助于自然教育的科普过程,一方面满足了人们对于远古自然的好奇与喜爱,另一方面也起到了良好的教育作用。

2. VR 使人们体验不易接触的自然

火山爆发和冰面碎裂是什么声音?扭头看到北极熊在观察自己是什么体验?树脂松香和火山石是什么气味?海豚在加勒比海嬉戏是什么场景?这些我们在日常生活中不太能接触到的自然,都可以通过 VR 沉浸式体验来实现。VR 技术的出现让我们对世界有了更加广阔的认识,让我们有机会领略到不一样的风采,也让我们重新认识大自然。"The Wild Immersion——自然之灵 VR 沉浸式体验自然艺术展"便通过 VR、声音、气味为人们提供了全方位感知别样自然的机会。人们可以通过音响设备聆听火山爆发、海水撞击暗礁的声音,这些声音均为在拍摄 VR 素材时同步采集,是来自大自然的最真实的声音。为了使让人们进入展区后能立即拥有自然世界带入感,展方同时为空间特别调制了大自然的味道,用树脂、桂皮、火山石等载体弥散,通过光影模拟自然环境。展出期间,一名前来体验的小朋友曾在声音墙前停留了很久,这些平时难以听到的声音让生活在都市中的人们真切感受到人与自然密不可分,也得以重新感悟人与自然的关系。此外,The Wild Immersion 还与联想合作制作了野生大自然系列 VR 电影,通过联想 VR 头戴式显示设备,人们可以体验到与火烈鸟一起飞行、与野牛一起奔跑以及追逐西伯利亚虎的快感,进而感受地球家园的丰富多彩,产生珍爱自然之情。

3. VR 提供独特视角体验自然

VR 可采用一定的视觉传达技术,使得我们能够以动物的视角去感受丰富的自然,当我们以一只蜻蜓的视角去看"透明的高大山毛榉"或"3D 灌木林的动态起伏"时,或许我们可以探索出另一番景象,体验到不同的视觉冲击,进而有助于我们重新审视人类与自然的关系,总部位于伦敦的设计工作室 Marshmallow Laser Feast 便在这方面卓有成效。工作室致力于使用 VR 让我们重新与大自然联系,使用 VR 头戴式显示设备,我们可以通过不同动物的眼睛看到森林,体验他们的感受。为了完美诠释动物眼中的世界,工作室结合了虚拟现实技术、无人机 VR 全景摄、激光雷达以及 CT 扫描技术。此外,工作室还利用了一款特别定制的软件,将动物的微观世界数字化,还原它们眼里的世界。叙事的每个场景包含了多个环境颗粒物,它们来自激光雷达数据和非常详细的 CT 扫描昆虫和动物而得来的动态颗粒物,人们透过生物独特的眼睛能够看到整个森林。此外，为了加强人们身临其境的体验感，工作室还专门打造了逼真的音频效果，完美还原各种动物的声音。而且工作室还提供了多种VR配件，可以给人们带来视觉、听觉、感官的多重沉浸式体验。

二、利用新兴技术完善基地建设

（一）基于GIS的游客数据库建设

GIS（Geographic Information System），即地理信息系统，是结合地理学、地图学、遥感和计算机科学的综合性学科，它把地图的视觉化效果和地理分析功能与一般的数据库操作（例如查询和统计分析等）集成在一起，对地球上存在的东西和发生的事件进行成图和分析。自然教育对GIS的应用主要是把基地的游客数据库与GIS连接，形成基地热力图，工作人员通过对热力图的分析可以检测到每日的客流量和游客的分布空间，进而能够准确判断各月份游客青睐的场所，根据游客集中点判断游客需要，间接地与游客形成互动交流。通过地理信息系统，基地可以分析人与自然之间，自然与自然之间的关系，预测其发展演变方向，从而实现对人和自然的最透彻感知。

（二）基于LBS的风险求救系统建设

LBS（Location Based Services），是指围绕地理位置数据而展开的服务，其由移动终端使用无线通信网络（或卫星定位系统），基于空间数据库，获取用户的地理位置坐标信息并与其他信息集成，以向用户提供所需的与位置相关的增值服务。LBS在自然教育中主要是应用于风险求救，完善人们在自然教育过程中的风险管理。国内自然教育基地很多是森林公园、地质公园或湿地公园，一般具有独特的地形地貌，基地内有些地势比较严峻，有较陡峭的山路，还有不少原生态道路，较为危险，容易发生摔伤事故。同时，森林公园由于其景观的独特性，在夏季干旱时容易引发火灾等自然灾害；有的地质公园处于高海拔地区，空气稀薄，有可能会导致人们出现缺氧等不适症状；基地公园内还有多种野生动物，人们有遇到野生动物袭击的风险。为了对突发情况有良好的救援服务，通过技术将LBS置入基地系统后台，当游客在遇到突发情况时按下系统中的紧急求助，基地管理方面会接收到求助信息，同时精确到经纬度，立即展开救援，为人们赢得救助的最佳时间。

（三）基于大数据的电子商务平台建设

大数据是一种信息资产，随着云时代到来，大数据获得越来越多的关注，也有越来越多的平台利用大数据开展营销活动，阿里巴巴便是一个典型的案例。易安信公布的第三期全球数据保护指数调查结果显示，数据量增幅达569%，预计2020年，我国大数据市场规模将超过8000亿元，自然教育也可以抓住大数据这个风潮，积极创建自己的电子商务平台，通过对大数据库信息的整合分析，根据个人特征（如个人偏好、特点和需求等）、市场热点、森林旅游产品的相关数据分析等因素，在智能检索和匹配技术的支持下，根据个人的时间和预算等条件，为公众推荐满足其要求的基地自然教育活动。

（四）基于物联网的植物养护系统建设

物联网是通过各种信息传感器采集信息，通过各类可能的网络接入，实现物与物、物与人的泛在连接，实现对物品和过程的智能化感知、识别和管理。智慧养护便是物联网的一个典型应用场景，通过现场感知设备真实反映植物的需求，避免了人工养护存在的管理一刀切、缺乏精确的灌溉定额数据、从业人员素质偏低（养护不科学）等问题。一方面，运用物联网技术可以实时采集植物生长相关的光照、空气温湿度、土壤湿度、肥力等参数，根据每种植物的特定模型，通过设备联网对中心控制模块、供水模块进行远程控制，做出智能化的养护决策，通过自动喷灌系统、滴管系统进行水、肥的管理。另一方面，通过物联网技术可以对植物的病虫害进行监控，后台的数据库可以及时通过图像识别技术，对比数据库储存的叶片样本来分析抽样点的植物叶片的变化。如果有出现病灶等，系统会自动报警、技术人员可以第一时间锁定发生病虫害的区域，及时采取病虫害防治措施。智慧养护这方面可以向以色列学习，以色列在现代农业、果园、荒漠造林等领域大量运用了现代农业技术，取得举世瞩目的成就，这方面积累的技术和经验完全可以和基地植物养护相结合，实现智能化管理。

（五）基于"3S"技术的资源与环境监测系统建设

"3S"技术是遥感技术、地理信息系统和全球定位系统的统称，可以实现对各种空间信息和环境信息的快速、机动、准确、可靠的收集、处理与更新。资源与环境智慧监测便是配合使用"3S"技术，实现资源管理与环境保护的数字化。目前自然教育活动的组织过程中，利用较多的场所为植物园、动物园、国家森林公园、湿地公园、自然保护区、农场等生态环境较好的场地。这些场地面积较大，地形复杂，生态环境的自然生态敏感性较高，使用智慧监测系统便可以更好地保持基地原有植被和原生地形地貌的生态价值，且可以节省大量的人力物力，使资源与环境保护工作变得轻松而高效。实际操作中,通过"3S"技术,自然资源数据的收集、分析、传播都可以由计算机来自动完成;各项环境监测如大气监测、土壤监测、水质监测、气候监测等也都可由电脑来控制和完成。通过这些数据的监测,可以及时掌握天气温度、风速等环境参数,对植被的养护提供重要依据,同时通过对古树名木、生物病虫害等环境要素及风险指标的数据采集,可以及时预警和动态跟踪监控,量化分析使用现状及风险隐患,提高基地抗风险能力。

第九章 反思与展望：身边的自然教育

到底什么是自然教育？自然教育应该怎么做？开展一次自然教育，必须是在一个高大上的教育目标下，去到一个优美而丰富多彩的自然环境中，完成一套程序化的完整而凝重（或轻松）的教育过程和环节吗？对于自然教育的从业人员来说，这些看似显而易见的问题和答案，其实还是有必要去进一步深入思考的。

我们都知道，随着城市化的进程使生活在钢筋水泥环境中的人，离开自然越来越远，所以一提到自然教育，大多数人都会想到森林、草原与大山。的确，那些环境是进行自然教育最好的地方，但是，自然教育一定要去到有山、有水、有树的地方吗？认真地去思考，答案其实是否定的。因为，自然其实一直围绕在我们身边：郊外、植物园、温室、枯枝、落叶、石头、果核，俯拾皆是。森林是自然，湖泊是自然，同样，小花、小草也是自然。

约瑟夫的《与孩子共享自然》中有一个很好的观点："自然教育，我们缺的不是自然，是教育"。的确，其实只要一块草坪，一个公园，甚至一个小阳台，就可以进行很好的自然教育。开展自然教育，不一定需要很多金钱和时间的支持，关键也不在于我们选择了什么样的场地，而在于我们能与自然产生什么样的连接，因此它更多的是需要我们用鼻子去闻，用眼睛去看，用手去触摸，更需要用心去感受。

比如，养个小动物或植物便是身边触手可及的自然教育。养动物是一件比较花费精力的事情，要清理卫生、喂养、照顾动物情绪等，对动物照顾不当，我们可以直观地看到后果：不带狗遛弯，它会躁动不安；任由小猫淘气，它会损坏东西……照顾动物的过程本身就是接受自然教育的过程，时间长了后，有助于激发我们关爱自然、关爱动物的热情，同时也能帮助我们养成负责任的好习惯。养植物时，通过观察种子的变化，我们可以全面细致地了解植物的生长过程，通过自己栽种、护理、观察、收获，我们在生活中便可亲近大自然，体验劳作及收获的快乐。

再比如，在公园和小区周围也可以随时开展自然教育实践活动。我们可以把去室内游戏场或家里玩积木的时间用到户外自由活动。在自家的后院、小区开辟一个户外游戏固定时间，可以奔跑、匍匐、玩水、玩沙、徒步、野餐等，对孩子而言，在泥土里玩个不停，修房子、造水库，几个小时也不觉得无聊，这就是大自然带给他的乐趣。在晚上的时候，我们还可以打起手电筒，带着孩子一起出门寻宝，繁星点点的夜空下，一切看起来和听起来都会完全不同，可让我们体验不一样的自然美。

所以说，自然教育其实并不一定要去哪个著名自然教育景区、哪个著名森林、哪个著名徒步点。重要的是理解并践行自然教育的理念。如果我们有充裕的时间和资金，当然可以去到一个远方的诗意的自然环境中去开展自然教育。反过来，如果我们没有大把的空闲时间，也没有充裕的资金支持时，利用身边的一草一木都可以开展自然教育。可以把身边能做到、方便做到的事情先做起来。可爱的松鼠、花间双双飞舞的报喜斑粉蝶、需要细心观察才能发现的变色树蜥、在树桩上游走的竹叶青、夏日聒噪的蝉、秋天的第一片落叶、晚上皎洁的月亮……在日常生活中我们便可打开五官来感受自然的美好，从探究水、火、沙、石、土的不同形态，到感受四季的变化，都可通过自然笔记来记录，用书写和绘画的方式，与大自然进行连接，当我们这样做时，当我们开始留心四季的变化、物候的轮转，带着好奇心去探索时，我们就开启了一扇通往自然的大门。

很多人说，现代人与自然疏远了，但实际上我们没有一天离开过自然，只是我们忘记了自己是自然中的一员。正如《寂静的春天》里所提到，"那些感受大地之美的人，能从中获得生命的力量，直到一生。"回归自然教育本意，首先要有一颗自然之心，才能感受到自然之美，并从中获得愉悦、知识及伴随一生的智慧和力量。

著名作家雨果说："自然是善良的慈母，同时也是冷酷的屠夫。"2020年年初，一场突如其来的新冠疫情，迅速波及全世界许多国家，给人类造成了严重的灾难。就目前的调查研究来看新冠病毒和（2003年）的"SARS"都源自大自然，再次告诫人们要尊重大自然，与大自然的动植物和谐相处，否则会遭到大自然的报复和反噬。新冠疫情过后，对开展自然教育是一个良好契机。认识自然、尊重自然、顺应自然、保护自然，应从娃娃抓起，让自然教育成为中小学的必修课，成为诸多企事业单位团建活动主题之一，形成与自然和谐相处的绿色发展理念、绿色生活方式，为建设美丽中国、和谐地球家园做出自然教育的独特贡献。

参考文献

陈陈玲. 我国环境教育立法研究[D]. 长沙：中南林业科技大学，2014.

陈妍卉. 中国特色社会主义生态文明建设思想研究[D]. 昆明：云南师范大学，2019.

褚军刚. 基于"互联网+"的智慧公园建设研究[J]. 园林，2016（09）：78-81.

崔凤，臧辉艳. 美国环境教育立法及其对我国的启示[J]. 青岛科技大学学报（社会科学版），2009，25（04）：100-104.

戴晓光.《爱弥儿》与卢梭的自然教育[J]. 北京大学教育评论，2013，11（01）：147-156.

丁秀琼. 环保教育也要从娃娃抓起——对幼儿园实施环保教育的思考[J]. 科学咨询（科技·管理），2016（01）：169-170.

窦林娟. 浅谈日本提高环保社会参与程度的方法及对我国的启示[J]. 法制与社会，2008（16）：259-260.

杜家烨. 自媒体视域下的自然教育实践[D]. 杭州：浙江农林大学，2018.

范燕燕，章乐. 儿童的自然缺失症及其教育对策[J]. 教育科学研究，2018（05）：67-71.

方印，刘琼. 环境教育的内涵、历程及内容考察——基于环境教育立法的目的[J]. 教育文化论坛，2016，8（01）：43-50.

冯冲. 日本的气候变化政策研究[D]. 上海：华东师范大学，2011.

凤凰网. 每天看手机3小时 中国人沉迷手机全球第二？[EB/OL]. 2017-06-26，http://news.ifeng.com/c/7fagIjhHf1v.

付文中. 论自然对儿童的重要影响[J]. 鄱阳湖学刊，2019（03）：73-82，127.

高雨薇. 别让孩子患上"自然缺失症"[J]. 绿色中国，2013（02）：66-67.

葛绪广. 基于地理学的人地关系研究[J]. 湖北师范学院学报（哲学社会科学版），2010，30（05）：50-52，64.

韩冠男，杨建英，赵廷宁. 日本国有林的经营管理方法[J]. 林业勘察设计，2009（02）：42-45.

何岸，晋海燕. 论"自然教育"目的观的现代价值[J]. 天津电大学报，2006（10）：29-30.

胡子祎. 中外中小学环境教育的比较研究 [D]. 长春：长春师范大学，2014.

江家发. 环境教育学 [M]. 芜湖：安徽师范大学出版社，2011.

姜诚. 自然教育：需要尽快补上的一课 [J]. 环境教育，2015（12）：77-79.

姜诚. 自然教育也是公众参与教育——访联合国教科文组织社会学习和可持续发展主席阿尔杨·瓦尔斯 [J]. 环境教育，2015（12）：80-81.

黎国强，孙鸿雁，王梦君. 国家公园功能分区再探讨 [J]. 林业建设，2018（06）：1-5.

李海荣，赵芬，杨特，等. 自然教育的认知及发展路径探析 [J]. 西南林业大学学报（社会科学），2019，3（05）：102-106.

李金玉. 澳大利亚全方位的环境教育体系对我国的启示 [J]. 教育教学论坛，2014（50）：86-87.

李康. 智能灌溉与植物养护系统的设计与实现 [D]. 成都：西南石油大学，2016.

李洺葭，韩静华. 传统科普读物数字化衍生产品开发的探索与思考——以植物类科普读物为例 [J]. 科技与出版，2015（12）：107-112.

李鑫，虞依娜. 国内外自然教育实践研究 [J]. 林业经济，2017，39（11）：12-18，23.

李云珠，黄秀娟. 森林公园环境教育机制分析及策略研究 [J]. 林业经济问题，2013，33（04）：373-378.

李祖红. 论道家思想的"自然观"及其相关的教育思想 [J]. 滁州学院学报，2003（3）：59-62.

理查德·洛夫，王西敏. 林间最后的小孩：拯救自然缺失症儿童［M］. 北京：中国发展出版社，2014.

林诗雨，蔡君. 公民生态素养的培育途径探讨 [J]. 北京林业大学学报（社会科学版），2019，18（03）：74-79.

林树君，郑芷青，李文翎. 广东鼎湖山自然教育径设计探讨 [J]. 地理教育，2011（Z2）：120-121.

林旭云. "互联网+旅游"背景下从化旅游服务转型升级研究 [D]. 成都：西南交通大学，2016.

刘春琰. 寓教于乐，让孩子自然生长——寻访澳大利亚教育有感 [J]. 湖南教育（上），2015（01）：53-54.

刘丹丹. 借鉴日本环境教育的成功经验构建我国环境教育模式 [D]. 辽宁师范大学，2006.

刘经纬，张维学. 国外环境教育现状研究 [J]. 齐齐哈尔大学学报（哲学社会科学版），2017（01）：1-3.

刘晓东. 自然教育学史论 [J]. 南京师大学报（社会科学版），2016（6）：113-120.

刘欣宇，智春阳. 研学旅行中的自然教育营地课程开发探讨 [J]. 度假旅游，2019（03）：111，119.

龙慧萍. 南宁市智慧公园建设初探 [C]. 中国测绘学会科技信息网分会. 全国测绘科技信息网中南分网第二十八次学术信息交流会论文集. 中国测绘学会科技信息网分会：中国测绘学会科技信息网分会，2014：252-256.

罗芬，钟永德. 旅游解说规划中的几个关键问题思考 [J]. 旅游学刊，2008（09）：9-10.

吕培培. 澳大利亚：为了可持续未来的教育 [J]. 上海教育，2015（06）：38-39.

孟威，虞依娜. 自然教育人才胜任力模型的构建与应用——基于某高校旅游管理专业"自然教育"兴趣小组的实践活动 [J]. 中国林业教育，2019，37（04）：1-8.

钱佳怡，吴晓华. 自然教育在现代园林设计中的体现研究——以浙江长乐国家林木种质公园规划设计为例 [J]. 中国城市林业，2018，16（02）：43-47.

任洪涛，王飞. 我国环境课程教育的偏失与矫正路径 [J]. 创新，2019，13（06）：111-118.

孙燕. 美国国家公园解说的兴起及启示 [J]. 中国园林，2012，28（06）：110-112.

孙云晓，胡霞. 在体验中快乐成长——日本的自然体验教育 [J]. 中国教师，2005（01）：5-8.

谭梦月，孙乔英. 应用信息技术对学前专业学生进行自然教育的思考和策略 [J]. 黑龙江生态工程职业学院学报，2019，32（03）：144-146.

唐芳林，王梦君，黎国强. 国家公园功能分区探讨 [J]. 林业建设，2017（06）：1-7.

田友谊. 环境教育：迷思与廓清 [J]. 中国德育，2017（08）：27-31.

王辉，张佳琛，刘小宇，等. 美国国家公园的解说与教育服务研究——以西奥多·罗斯福国家公园为例 [J]. 旅游学刊，2016，31（05）：119-126.

王可可. 国家公园自然教育设计研究 [D]. 广州：广州大学，2019.

王民，祝真旭，沈海滨. 环境教育法国际比较与中国环境教育立法实践思考 [J]. 世界环境，2013（05）：21-22.

王胜男. 我国的森林体验教育还差点啥？ [N]. 中国绿色时报，2014-07-31（A02）.

王文略，王倩，余劲. 我国不同群体环境教育问题调查分析——以陕宁渝三地为例 [J]. 干旱区资源与环境，2018，32（06）：37-42.

蔚蓝. 美国的绿色环保教育及设施 [J]. 中国教育技术装备，2013（23）：106-107.

无锡市玉祁中心小学. 自然教育标准 [J]. 江苏教育研究，2014（11）：21-26.

杨桂芳，陈正洪. 美国国家公园科普理论与实践探索——以美国黄石公园为例[A]. 中国地质学会旅游地学与地质公园研究分会、甘肃省国土资源厅、张掖市人民政府. 中国地质学会旅游地学与地质公园研究分会第 27 届年会暨张掖丹霞国家地质公园建设与旅游发展研讨会论文集[C]. 中国地质学会旅游地学与地质公园研究分会、甘肃省国土资源厅、张掖市人民政府：中国地质学会旅游地学与地质公园研究分会，2012：4.

杨锐. 美国国家公园体系的发展历程及其经验教训[J]. 中国园林，2001（01）：62–64.

杨阳，葛高飞，雷秀雅. 论日本学校的环境教育及其启示[J]. 陕西师范大学学报（哲学社会科学版），2009，38（S1）：168–171.

于凤杰. 青少年早中期的个人目标及其家庭、同伴背景[D]. 济南：山东师范大学，2013.

张华，张悦. 澳大利亚环境教育对中国的启示[J]. 吉林省教育学院学报（学科版），2010，26（08）：130–131.

张梦丹. 百望山森林公园公众号宣教解说系统设计研究[D]. 北京：中国林业科学研究院，2017.

张文杰. 基于自然教育的湖南黄家垅森林公园规划设计研究[D]. 长沙：中南林业科技大学，2019.

张秀丽. 八达岭森林公园自然学校可持续运营对策研究[J]. 中国林业经济，2019（01）：81–83.

张周忙，蒋亚芳，管长岭. 日本国有林管理对我国的启示[J]. 林业资源管理，2010（06）：129–136.

赵磊. 论成人教育社会化改革的三个阶段[J]. 成人教育，2012，32（01）：65–67.

赵树从，高峰，唐连庆. 孔子儒家思想中的生态文化[J]. 生态文明世界，2017（03）：8–13.

智信，王建明. 韩国森林休养与森林教育培训纪行[J]. 绿化与生活，2015（08）：50–53.

中国林业教育学会自然教育分会在我校成立 廖小平校长担任分会首任主任委员[J]. 中南林业科技大学学报（社会科学版），2017，11（06）：2.

周仕凭. 大自然是人类智慧的源泉[J]. 环境教育，2017（08）：1.

周鑫，张美翠."3S"技术在森林资源监测体系中的应用[J]. 农村实用技术，2019（10）：91.

朱兰生. 韩国林业建设考察报告[J]. 甘肃林业，2006（01）：39–41.

祝怀新，李玉静. 可持续学校：澳大利亚环境教育的新发展[J]. 外国教育研究，2006（02）：65-69.

邹大林. 森林体验教育亟待重视——韩国自然休养林发展的经验与启示[J]. 绿化与生活，2011（11）：6-9.

CURTHOYS L P, CUTHERRSON B. Listening to the landscape:interpretive planning for ecological literacy[J]. Canadian Journal of Environmental Education，2002，7（2）：224-240.

MCBRIDE B B, BREWER C A, BERKOWITZ A R, et al. Environmental literacy, ecological literacy ecoliteracy: what do we mean and how did we get here?[J]. Ecosphere，2013，4（5）：1-20.

TODT D. Last child in the woods: saving our children from nature-deficit disorder[J]. Acta Paediatrica，2010，99（1）：283-284.

附录 自然教育政策汇编

附录 A：自然教育产业规范制度汇总

I《国家林业和草原局关于充分发挥各类自然保护地社会功能大力开展自然教育工作的通知》

一、大力提高对自然教育工作的认识

自然教育是建设生态文明对重要抓手，是经济社会发展的迫切要求。随着我国经济社会的快速发展和人们生态文明意识的提高，以走进自然保护地、回归自然为主要特点的自然教育成为公众的新需求。人们对自然生态、旅游观光、休闲游憩、森林康养、山水摄影、自然探索等方面的愿望越来越迫切。自然教育事业正成为林业草原的新兴事业，成为社会关注的新热点。在自然保护地开展自然教育，具有公益性强、就业容量大、综合效益好的优势，是发挥自然保护地多种功能的重要形式，是实现自然资源永续利用的有效途径，是林业草原经济发展新的增长点，是推动城乡交流、促进林区振兴发展的新举措。大力开展自然教育，对建设生态文明，满足人们日益增长的教育、精神、文化需求，推进林业现代化发展和林业草原产业转型升级，提高人民生活质量，将产生日益深远的影响。各级林业和草原主管部门，各级林学会要充分认识自然教育工作的重要性和紧迫性，将其作为林业草原事业发展的新领域、新亮点、新举措，摆到重要位置，明确责任，狠抓落实，努力建设具有鲜明中国特色的自然教育体系。

二、建立面向公众开放的自然教育区域

各类自然保护地是我国最珍贵、自然景观最优美、自然资源最丰富，生态地位最重要的区域，是保护生物多样性和维护生态平衡的重要载体，是体现科学发展观、实现人与自然和谐相处的主要形式，其中具备全球突出价值的可成为联合国科教文组织授予的世界自然遗产或世界自然文化双遗产，这是开展自然教育无可替代的独

特优势。各自然保护地要严格遵守有关规定，在不影响自身资源保护、科研任务的前提下，按照功能划分，建立面向青少年、教育工作者、特需群体和社会团体工作者开放的自然教育区域。自然保护地管理部门要有专人负责管理、协调、组织、解说和安排社会公众有序开展各类自然教育活动，鼓励著名专家学者亲自为公众讲授自然知识。要构建人与自然和谐的自然教育关系，不以自然教育的名义，伤害野生动植物，破坏生态环境，干扰自然生态系统的原真性。要为公众参与自然保护地的建设管理创造条件，使自然保护地成为提高全民文化素质、宣扬生态文明理念的重要基地。

三、做好自然教育统筹规划

各类自然保护地要牢固树立规划先行的理念，因地制宜制订具有自身特色的自然教育计划。要把自然教育工作纳入工作全局统筹安排，与保护工作同步部署、同步实施、同步检查，不断加强对自然教育工作的科学研究，制定科学合理的规划。要高度重视安全风险管理，严格遵守有关法律法规，做好安全管理规划和风险管控，建立完备的安全责任体系。要统筹安排与自然教育相适应的自然教育服务设施建设，并于公用设施建设相衔接。科学制定安全保障应急预案，探索建立行之有效的安全责任机制。

四、提升自然教育服务能力

要秉承"开放、自愿、合作、共享、包容、服务"的理念，加强统筹，广集智慧，强化协调服务，满足公众对体验自然、感知自然、学习自然的需要。要围绕改善自然保护地自然教育资源、保障自然教育基本功能、提升自然教育社会效益等重点领域，加快自然保护地自然教育设施转型升级，全面提升自然教育服务能力。要加强对现有森林植被、古树名木、野生动物、湿地、地质遗迹的保护、丰富各类自然教育资源。要优化自然教育资源配置，在森林植被良好，景观资源丰富，生态环境优越，文化底蕴深厚的森林、湿地等区域，优先开展自然教育。

五、加强自然保护地基础建设

要在保护前提下，不断提升自然保护地基础建设水平，为自然教育工作提供有利条件。要加快自然教育区域硬件建设，重点加快资源环境保护设施、科普教育设施、解说系统以及各种安全、环卫设施的建设，加强电信、互联网等建设，创造设施配套、自然环境优美、管理规范的基础环境。要建立适应市场经济要求和基础建设需要的多元化融资机制，有力推动自然保护地基础建设。

六、打造富有特色的自然教育品牌

各类自然保护地要强化自然教育功能，创新完善自然教育服务体系，大力提高自然教育质量。要结合自身优势，选择具有典型性和代表性的内容组织开展特色活动，打造具有时代特点、地域特色的品牌活动项目。要加强自然教育人才队伍建设，动员和鼓励各类保护地从业人员积极投身于自然教育事业，选拔、培养一批自然教育工作骨干。要利用现有设施和场所，积极与企事业单位、社会组织等机构联合开展自然教育工作，构建多元推进的工作模式。要充分利用社会捐赠、推动自然教育工作良性发展。要借鉴国际、国内的先进经验和有效措施，着力推动自然教育专家团队、优质教材、志愿者队伍建设，逐步形成自身的自然教育专家团队、优质教材、志愿者队伍建设、逐步形成自身的自然教育体系。

七、加强对自然教育工作的组织领导

各级林业和草原主管部门要把自然教育工作摆到全局位置，加强领导、统筹安排，狠抓落实。要在统筹规划、保障投入、加强志愿者队伍建设等方面下工夫，激活各类自然保护地的社会公益和教育功能，着力提高公众满意度。要不断加强和完善各级自然教育工作机构，有序开放和合作共享。要发挥各级林学会组织和其他社会组织的作用，做好对自然教育的统筹、协调、服务。要加强对自然教育工作的调查研究，制定有利于自然教育长远发展的政策举措。要开展自然教育理论和实践研究，不断探索自然教育新形势、新途径。各级林学会组织要主动配合主管部门搞好自然教育实施工作，认真总结并及时报送自然教育工作开展情况。

请各地各单位于每年12月中旬前，将部署和组织实施自然教育工作的有关情况报送我局。

特此通知

国家林业和草原局
2019年4月1日

Ⅱ《广东省林业局推进自然教育规范发展的指导意见》

为贯彻落实习近平生态文明思想，整合全省自然保护地、城乡公园、科普场馆、志愿者、社会组织等宣传教育和自然资源，推动自然教育工作规范化、专业化发展，构建共建、共治、共享的生态文明建设格局，根据《国家林业和草原局关于充分发挥各类自然保护地社会功能大力开展自然教育工作的通知》（林科发〔2019〕34号）

和《广东省自然资源厅 广东省文化和旅游厅 广东省林业局关于加快发展森林旅游的通知》(粤自然资发〔2019〕50号)有关文件精神,结合我省实际情况,现就进一步推进我省自然教育工作规范发展提出如下指导意见。

一、总体要求

(一)发展思路

全面贯彻落实党的十九大精神和习近平新时代中国特色社会主义思想,牢固树立"绿水青山就是金山银山"的发展理念,传播生态之美,传承生态文化,拉近人与自然的距离,提供更优质的绿色福利,满足人民群众生态需求,推进自然教育规范发展,建设全国自然教育示范省,为广东构建人与自然和谐共生的绿色生态强省和建设美丽粤港澳大湾区作出新贡献。

(二)基本原则

1. 坚持公益开放、全民共享。坚持公益性和开放性原则,政府部门牵头主导,自然保护地、城乡公园等主动开放,社会组织、志愿者、公众共同参与,建设自然教育与交流学习的开放性平台。

2. 坚持因地制宜、分类施策。根据当地自然生态环境、发展现状以及建设方的意愿,积极探索不同类型的自然教育管理和服务模式,建设各具特色的自然教育基地,开展丰富多彩的自然教育活动。

3. 坚持生态优先、持续发展。坚持生态保护与尊重自然相结合,以保护和提升自然教育场所生态环境为出发点,以传播生态文明理念、满足人民生态需求为目标。自然教育基地建设与运营以生态承载能力为前提,尊重自然、顺应自然、保护自然。

4. 坚持传承文化、弘扬特色。传承发展中华优秀传统文化,深入挖掘岭南生态文化,培育具有地方特色的自然教育。坚持互动授课与生态体验相结合,注重教育课程的互动性、体验性和自然性,鼓励创新发展和特色化发展。

(三)工作目标

到2020年,初步建立有规划、有标准、有平台、有效果的广东特色自然教育体系和粤港澳自然教育平台,全省建立40个省级自然教育基地。到2023年,基本形成权责明确、管理科学、广泛参与、特色鲜明、国内领先的全民自然教育机制,建立社会多元跨界合作平台,建成覆盖我省全民自然教育基地网络,开展中小学生自然教育活动,力争全省建立100个自然教育基地,力争每个地级以上市至少建设一个自然教育基地,培育一批自然教育服务机构、导师、课程、线路和产品,推出一批国际国内一流的自然教育品牌,将自然教育培养成我省林业新兴经济点、重点生态文化品牌和全国自然教育的样板,促进自然教育持续健康发展。

二、主要任务

(一)依法依规建立开放的自然教育区域。引导各类自然保护地、城郊公园、古驿道、科普场所、自然场所等参与自然教育工作,积极构建自然教育生态圈。各自然保护地在不影响自身资源保护、科研任务的前提下,按照功能划分,建立面向青少年、教育工作者、特需群体和社会团体工作者开放的自然教育区域。自然保护地管理部门有专人负责管理、协调、组织、解说和安排社会公众有序开展各类自然教育活动。宣扬生态文明理念,不破坏生态环境,和野生动植物保持合适的距离,推动人与自然和谐。

(二)加强自然教育基础设施建设。建立多元化投融资机制,推动自然教育场所基础建设。加强自然教育区域(场所)软硬件配套设施建设,重点加强资源环境保护设施、科普教育设施以及各种安全、环卫设施的建设。加强电信、互联网等设施建设。加快建立具有广东特色的自然教育标准体系,建设一批有标准、有课程、公众参与度高的自然教育基地。建立一批具有本土特色的自然教育径、自然教育之家。培育一批自然教育服务机构、导师、课程、线路和产品,打造一批具有岭南特色的自然教育品牌。

(三)推动粤港澳大湾区自然教育工作交流合作。秉承"创新、开放、兼容、共享"的理念,推动粤港澳大湾区生态保护发展,加强粤港澳地区在绿色发展、自然教育、学术交流等方面的交流合作,激活粤港澳地区各类自然保护地、自然场所社会公益和教育功能,搭建有创造力、凝聚力、开拓力、影响力的粤港澳自然教育合作交流平台,吸引更多的人参与到自然保护事业中。

(四)全面提升自然教育服务能力。深入挖掘岭南生态文化,强化自然教育区域(场所)自然教育功能,创新完善自然教育服务体系,大力提升自然教育服务质量。广泛凝聚社会各界力量,着力培育自然教育事业共同体,构建多元推进的工作模式和互联互通的自然教育网络体系。开展常态化自然教育活动,开发适合不同年龄段特别是青少年自然教育课程,坚持知识性、文化性、趣味性和互动性。

三、组织保障

(一)加强组织领导。高度重视自然教育的规范发展,切实发挥自然教育工作在提高广东全民科学素质中的作用,把自然教育工作作为林业一项重要工作予以推进,加强统筹协调和管理指导,强化涉及自然教育的部门、行业、民间之间的沟通联系,打通自然教育和产学研互融互通的瓶颈，充分调动社会公益资源共同参与，有序开放各类自然保护地、科普场馆，完善政策措施，加强资金保障，落实责任，推动各项工作落到实处。

（二）加强人才培养。加强自然导师、志愿者队伍、自然教育机构、服务队伍等方面的组织培训和人才培养，动员和鼓励各类人员积极投身于自然教育事业，开展自然教育专业人才认证，推动自然教育理论和实践研究，不断探索粤港澳大湾区自然教育新形式、新途径。

（三）强化宣传引导。准确把握市场定位，不断推出具有地方特色、资源特色和文化特色的自然教育活动，加大特色生态产品的宣传和推介。充分利用网络、电视、报纸、广播、宣传栏等全媒体形式，大力宣传自然教育，努力营造全社会关注支持自然教育行业规范发展的良好氛围[1]。

附录B：自然教育实践基地申报与建设制度汇总

Ⅰ《四川省森林自然教育基地评定办法（试行）》

第一章 总则

第一条 为规范四川省森林自然教育基地的评定，促进森林自然教育健康有序发展，根据有关规定，制定本办法。

第二条 本办法适用于四川省行政区域内森林自然教育基地的申报、推荐、评定和监测。

第三条 森林自然教育基地是指以森林等自然资源及其衍生产品为依托，通过建设相应的必要基础与配套服务设施，开发提供森林教育、湿地教育、自然教育、生态教育、环境教育等各类型产品与服务，实现多元生态文化与体验教育功能的特定区域。

第四条 四川省森林自然教育基地的申报、推荐、评定和监测，坚持自愿、公开、公平、公正的原则，兼顾区域平衡，发挥行业协会和专家作用，引入竞争淘汰机制，实行动态管理，不干预申报单位自主合法经营。

第五条 林业厅负责四川省森林自然教育基地评定，成立四川省森林自然教育

---

[1] 资料来源：惠州市自然资源局 http://www.huiyang.gov.cn/hzhyzrzyj/gkmlpt/content/3/3714/post_3714910.html#8549

基地评定专家委员会（以下简称评定专家委员会，每三年换届），承担省级森林自然教育基地的评定、监测等工作。评定专家委员会下设办公室于林业厅国际合作处，具体实施森林自然教育基地评定等工作的组织、协调与服务等日常工作。

市（州）、县（市、区）林业行政主管部门负责本行政区域内森林自然教育基地申报初审、审核、推荐和监测等工作。

第二章 申报

第六条 申报条件。

（一）申报四川省森林自然教育基地应符合以下条件。

1. 资源环境

（1）基地面积应满足森林自然教育活动需求。按基地面积规模可分为小型基地（<10公顷）、中型基地（标准型）（≥10公顷，<100公顷）、大型基地（≥100公顷）；

（2）四至边界清晰，权属无争议，能长期作为森林自然教育基地使用；

（3）生物多样性与人文价值满足森林自然教育需求；

（4）无崩塌、滑坡、泥石流和地裂等地质灾害安全隐患；

（5）森林生态环境安全健康，无野生动物疫源疫病风险记录；

（6）基地外延五公里范围内无污染源；

（7）生活饮用水、环境空气等达到国家规定质量标准；

（8）可达性好，连接外部的公路通畅且符合安全行车要求。

2. 设施设备

（1）配置有展示与查阅森林自然教育基地自然资源、人文资源以及历史变迁等信息的展示、查阅、宣传设施，例如森林博物馆、标本馆、森林体验馆、图书资料馆、珍稀植物园（圃）、特色植物收集圃、宣教中心等；

（2）配建有多功能的步道设施，例如森林体验步道、生态体验步道、自然观察小径、赏花步道、观鸟步道、观景步道、空中廊道、山地自行车道等；

（3）配置有定点体验休憩场所与设施，例如观景台、动物观察哨所、树屋、森林浴场、日光浴场、亲水场所、攀援设施（攀岩或攀树）、森林创意坊、森林教室、森林作业体验场、露营地（帐篷营地）、冥想场所、休憩座椅、秋千、滑梯等；

（4）根据体验路径格局，配置有必要的森林自然教育解说、引导标识和标牌以及森林防火宣传碑牌；

（5）配置必要的配套服务设施，例如访客问询和服务中心、纪念品（含林产品）销售处、休息场所、避难所、餐饮设施、住宿设施、停车场等；

（6）具备进行意外伤害应急救护能力。

3. 运行管理

（1）坚持保护优先、低碳节能、文化主导、以人为本、体验导向的建设原则。在建设和运行中始终注重自然环境影响最小化，尽量使用取自本地的环境友好型自然建筑材料；积极发现、挖掘和传承优良的民俗文化与生态文化；

（2）编制有森林自然教育基地发展规划或建设方案；

（3）有负责森林自然教育基地的管理机构和相应人员，基地制度和行为准则健全；

（4）配置有熟悉基地生态环境、自然资源和基地森林自然教育产品与服务以及应急处置流程的森林自然教育体验师或讲解员；

（5）有符合基地实际的安全保障方案、应急预案和响应机制；

（6）鼓励创新机制，引导林农以林地入股方式参与森林自然教育基地建设与发展，共享改革、保护、发展成果。

4. 产品服务

（1）立足于基地条件，制定有主题明确、特色鲜明、操作性强的森林自然教育方案与活动计划；

（2）开发有彰显基地特色的森林自然教育课程；

（3）具有展现宣传基地森林自然教育理念的宣传手册。

第七条 具有以下条件的，可适当放宽申报条件。

（一）在探索森林自然教育方面已取得一定成效，具有示范带动作用的申报基地；

（二）重点贫困地区申报的森林自然教育基地，或其他地区申报的具有创新性的森林自然教育基地。

第八条 申报材料。

（一）四川省森林自然教育基地评定申报书（附件1）。

（二）相关证明及支持材料。

1. 申报单位营业执照或组织机构代码证（复印件）；

2. 申报基地位置图、基地森林等资源分布图和基地总体布局图；

3. 申报基地的土地权属或林地、林木权属证明（复印件）；

4. 基地运营现状材料，包括森林自然教育规划或建设方案、自然教育手册或编制方案、森林自然教育课程或编写方案、已开展的森林自然教育活动总结及相关管理制度等；

5. 基地森林自然教育体验师或讲解员的工作能力及经验证明材料；

6.其他证明与支持材料。

第九条 申报程序。

（一）申报单位将有关材料向所在地县（市、区）林业行政主管部门申报。申报单位应对申报材料的真实性负责。

（二）县（市、区）林业行政主管部门根据本办法规定，对申报材料进行合格审查并签署意见后向市（州）林业行政主管部门推荐。县（市、区）林业行政主管部门对推荐意见和推荐材料的真实性负责。

（三）市（州）林业行政主管部门对申报材料进行复审，确认合格签署意见后向评定专家委员会推荐。市（州）林业行政主管部门对推荐意见和推荐材料的真实性负责。

（四）省林业厅直属单位向评定专家委员会直接申报。

第三章　评定

第十条　评定专家委员会组织专家对各市（州）林业行政主管部门、各直属单位推荐的基地采取审查申报材料、实地抽查、集体合议等方式进行审核，提出评定建议。

第十一条　评定专家委员会，根据办法申报规定，结合专家组评定建议，确定四川省森林自然教育基地候选名单。

第十二条　评定专家委员会确定的四川省森林自然教育基地候选名单，在四川省林业厅官网公示五个工作日。如无异议，由四川省林业厅发文公布，并颁发"四川省森林自然教育基地"牌匾。如有异议，评定专家委员会组织专家进行复审。

第十三条　四川省森林自然教育基地每年推荐和评定一次，评定专家委员会受理申报材料的截止时间为每年9月底。评定有效期三年，有效期届满后按本办法第四章第十五条之规定进行运行监测评价。

第四章　运行与评价

第十四条　对森林自然教育基地实行动态管理，定期开展监测与评价，建立竞争和淘汰机制，做到有进有出、优保劣汰。

第十五条　建立森林自然教育基地运行监测评价制度，每三年进行一次运行监测评价。运行监测评价的程序是：

（一）森林自然教育基地在获得"四川省森林自然教育基地"称号满三年后的一个月内向推荐单位填报《四川省森林自然教育基地运行监测评价表》（附件2）。

（二）县（市、区）、市（州）林业行政主管部门根据本办法第三章第八条之规定进行初审、复审，评定专家委员会根据本办法规定进行再评定。

（三）经运行监测评价合格的森林自然教育基地，继续获得森林自然教育基地称号;对运行监测评价不合格的基地,取消其森林自然教育基地称号,并向社会公布。

第十六条 被评定为森林自然教育基地的单位,应严格按照本办法规定,认真开展森林自然教育基地创新发展和建设,建立健全森林自然教育服务质量监管和跟踪制度,确保基地森林自然教育产品与服务的质量和信誉,促进森林自然教育产业健康可持续发展。

第十七条 出现下列情况之一的,取消其森林自然教育基地称号,收回评定牌匾,该基地三年内不得再申报、推荐。

(一)在监测过程中提供虚假材料的;

(二)存在骗取、套取或严重违规使用国家和省财政补助、补贴资金、项目资金等违法违纪行为的;

(三)基地森林自然教育产品与服务条件,经评定专家委员会办公室组织两次抽查不符合标准要求的;

(四)其他应当取消称号的情况。

第十八条 森林自然教育基地因发展需要更改基地名称,并需对其森林自然教育基地称号予以重新评定的,基地应出具更名申请材料,由县(市、区)、市(州)林业行政主管部门提出审查意见,报评定专家委员会予以审核确认。

第五章 政策支持

第十九条 经林业厅评定公布的森林自然教育基地,优先享受国家和省有关扶持政策。

(一)优先享受国家和省级森林资源培育、森林保险等有关扶持政策。

(二)优先向金融机构、公益机构、社会推介,争取金融贷款、社会资金的支持。

(三)优先向发改、经信、教育、科技、关工委等有关部门、机构或群团组织推荐,享受技改、研学、科研、关心下一代等有关支持政策。

(四)优先取得林业技改扩能及新上项目等许可。

(五)加入农民专业合作社的,优先支持其农民专业合作社规范发展。

(六)优先享受其他相关扶持政策。

第二十条 各级林业部门要为森林自然教育基地发展建设创造有利条件,提供支持与服务,不断提升基地管理水平。

(一)组织相关专家考察森林自然教育基地,对基地的建设发展提出高质量、可操作的指导性意见。

(二)通过森林自然教育基地资源共享平台为基地的协同发展提供支撑与服务,

支持鼓励森林自然教育基地通过组建行业联盟、区域联盟等形式整合资源、优化布局，开展联合行动，形成品牌效应。

（三）定期组织森林自然教育基地工作交流培训，提高工作人员的业务水平和能力。

第六章 附则

第二十一条 对在申报、评定、运行监测审查过程中不能坚持公开、公平、公正原则，存在弄虚作假行为的工作人员，主管部门要按有关规定予以严肃查处。

第二十二条 各级林业行政主管部门在森林自然教育基地评定和运行监测中不收取任何费用。

第二十三条 本办法由四川省林业厅负责解释。

第二十四条 本办法自发布之日起施行。

附件：

1. 申报四川省森林自然教育基地基本情况一览表
2. 四川省森林自然教育基地运行监测评价表

附录C：自然教育相关标准

Ⅰ《森林类自然教育基地建设导则（T/CSF 010—2019）》

1 范围

本标准规定了森林类自然教育基地建设原则、主要功能类型与要求、地址选择要求、资源调查、功能定位、设施与道路建设以及运营与管理等内容。

本标准适用于森林类自然教育基地建设。

2 规范性引用文件

下列文件对于本文件的应用是必不可少的。凡是注日期的引用文件，仅所注日期的版本适用于本文件。凡是不注日期的引用文件，其最新版本（包括所有的修改单）适用于本文件。

JGJ62 旅馆建筑设计规范

JGJ64 饮食建筑设计标准

GB/T 18973 旅游厕所质量等级的划分与评定

LY/T 5132 森林公园总体设计规

GB/T 20416 自然保护区生态旅游规划技术规程
LB/T 014 旅游景区讲解服务规范

3 术语和定义

下列术语和定义适用于本文件。

3.1 自然教育 nature education

在自然中学习体验关于自然的知识和规律，引导和培养人们认知自然、尊重自然、顺应自然和保护自然的生态观，建立人与自然的联结，以期实现人与自然的和谐发展。

3.2 自然教育基地 nature education base

具有以森林为主体的自然资源，具有明确的运营管理机构，配套有开展自然教育活动的设施及人员，且能够提供多种形式自然教育内容体系及所需要的场所。

3.3 自然体验 nature experience

在自然环境中通过视、听、闻、触、尝、思等方式，欣赏、感知、了解和享受自然。

3.4 自然观察径 nature observation trails

以观察、体验、教育为主要目的，结合一定设施，供体验者了解和学习自然的步道、小道等路径。

3.5 自然解说员 nature interpreter

运用科学、生动的语言和恰当的表达技巧，为体验者组织、安排体验事项，提供向导和讲解，通过引导人们对森林、自然、文化等方面的理解，激发其产生兴趣，从而传递自然知识的人员。

4 建设原则

4.1 保护优先

注重自然资源、自然环境的保护，不得破坏自然景观和保护对象的栖息环境，不得造成环境污染。

4.2 科学利用

建设和运营过程中要科学利用现有资源，因地制宜、突出特色，在现有设施无法满足自然教育需求时，在不破坏自然资源的前提下可适当调整。

5 选址要求

5.1 符合地方发展规划建设要求，权属清晰，能够作为自然教育基地长期使用。

5.2 交通便利，自然环境良好，生态系统健康，生物多样性丰富或具有典型性。

5.3 生活饮用水、环境空气等达到国家规定质量标准；无崩塌、滑坡、泥石流等地质灾害安全隐患；基地外延五公里范围内无污染源。

6 基地调查内容

6.1 自然资源

包括地形、地质、地貌、水、空气、土壤、植被、野生动物等。

6.2 人文资源

包括文物古迹、历史文化、民族文化等。

6.3 应急资源

包括医疗、救护、公安、消防、紧急避难场所等资源。

6.4 其他资源

包括周边社区的社会经济条件；科普教育、休闲健身、景观欣赏等活动资源；道路、场馆场地、户外展项、餐饮住宿、通讯等基础设施；接待公众参观的引导人员数量、管理机构和人员对基地的运营管理能力。

7 主要功能定位与建设要求

7.1 科普教育

7.1.1 资源类型多样，生物多样性高，具有针对性强、独特的内容体系，能够满足不同群体、尤其是青少年的学习和了解知识的需求。

7.1.2 具有如博物馆、体验馆、图书馆、植物园等科普教育设施，如自然观察径、体验步道、观景步道等多功能步道设施，以及相关的解说设施等。

7.2 自然体验

7.2.1 森林季相变化丰富，观花、观叶等植物多，森林面积大的区域；或单一资源，特点突出，能够形成独特景观。

7.2.2 具备观景台、观景步道等设施设备。

7.3 休闲游憩

7.3.1 空间开阔、安全性高的区域，能开展游戏、攀登、露营等休闲体验活动。

7.3.2 具有满足自然教育体验的场所与设施。

8 设施类型

8.1 主要设施

森林类自然教育基地主要设施可参照 4 个不同类型建设，如附表 1 所示。

附表 1 森林类自然教育基地主要设施分类

类型	内容
室内设施	包括但不限于森林体验馆、森林博物馆、森林创意坊、森林教室等
室外设施	包括但不限于自然观察径、活动平台、露营地、步道、攀岩设施、观景台等
解说设施	包括但不限于指示牌、标识牌、解说牌、智能解说系统等
服务设施	包括但不限于游客中心、停车场、无障碍设施等服务设施；卫生间、饮水台、垃圾桶等卫生设施；电气、电话、广播音响等电器、通讯设施；监控摄像头、火险报警器、安全警示灯等安全、应急设施

8.2 相关设施建设要求

住宿、餐饮、卫生、电气、通讯、安全等设施，应符合如下标准：

住宿设施按照 JGJ62 执行；

餐饮设施按照 JGJ64 执行；

卫生设施按照 GB/T 18973 执行；

电气、通讯、安全等设施按照 LY/T 5132 和 GB/T 20416 执行。

9 运营与管理

9.1 人员配备

9.1.1 自然解说员

森林类自然教育基地的自然解说人员应具有相关专业背景或专长，能够为受众提供自然解说服务。

9.1.2 志愿者及专家团队

有一定数量且相对稳定的志愿服务团队及专家团队，志愿参加基地开展的自然教育活动相关工作。

9.2 内容开发

9.2.1 课程开发

自然教育基地结合地域资源特色，针对不同的群体和不同的时长，开发不同的自然教育课程，课程数量不低于 5 套，内容包括但不限于生态保护、生物多样性、气候变化等，形式包括但不限于探究性学习、体验式活动、自然游戏、手工制作等。

9.2.2 活动策划

结合当地的民俗风情、历史遗址及特色产品等，以音乐、舞蹈、摄影、绘画、节庆、展会等形式开展丰富的自然教育活动。

9.2.3 创意产品

科学利用当地资源材料设计制作文化创意产品。

9.3 基地管理

自然教育基地具有固定的管理机构和人员，负责自然教育基地的咨询、预约、活动设计、设施维护、游客管理等。鼓励优先培训和使用当地社区人员参与基地的运营管理，促进社区发展。积极与相关部门、科研院所、学校、社会团体、企事业单位等建立长期合作关系，定期组织自然教育活动，提高基地的利用效率。

Ⅱ《自然教育科普标识设置规范（T/CSF 011—2019）》

1 范围

本标准规定了自然教育标识设置的原则、分类、设计与选址、施工与管理等技术要求。

本标准适用于全国范围内国家公园、自然保护区、自然公园、城市公园绿地、林场、苗圃等场地的自然教育标识的设置与管理。

2 规范性引用文件

下列文件对于本文件的应用是必不可少的。凡是注日期的引用文件，仅所注日期的版本适用于本文件。凡是不注日期的引用文件，其最新版本（包括所有的修改单）适用于本文件。

GB/T 15566.1 公共信息导向系统 设置原则与要求 第 1 部分：总则

GB/T 31384—2015 旅游景区公共信息导向系统设置规范

GB/T 148—1997 印刷、书写和绘图纸幅面尺寸

3 术语和定义

下列术语和定义适用于本文件。

3.1 自然教育标识牌 scientific exhibits in natural education

对自然、科学、人文资源实体或信息进行解说，使公众了解解说对象并获得与之交流互动的载体。

3.2 综合信息导览牌 general exhibit guides

介绍某一区域或某条步道的资源特色、体验方式、游览线路图和设计理念等信息的标识牌。

3.3 主题知识点标识牌 wayside exhibits with themed information

针对某一解说主题或解说对象，就其相关知识点进行解说与展示的标识牌。

3.4 单体自然物标注牌 name boards of natural objects

对某一物种或环境因子的名称、分类、特征等信息进行标注说明的标识牌。

3.5 互动体验型装置 interactive experience part

通过文字、图形、语音讲解、定位识别、图像识别等媒体为手段，将访客从被动参观引导至主动体验参与的装置。

注：互动装置有一体式和分体式两种常见形式。一体式是在标识基座上附加单体互动装置；分体式是指互动装置与标识分开放置。

4 原则

4.1 设计原则

4.1.1 科学规范

信息内容准确，避免未经验证的科学性假设、有争议的科学论据和杜撰的故事等。

4.1.2 通俗易懂

解说文字应通俗易懂，尽量避免直接使用学术性用语，针对不同读者的理解能力，设定难易等级不同的内容。

4.1.3 教育为本

科普解说应以普及自然科学知识、弘扬生态文明精神、传播绿色生活理念为根本，实现"让受众了解科普知识""使受众产生强烈感受""让受众做出具体行为"三个层次的教育目标。

4.1.4 美观和谐

标识牌外观应突出当地文化特色，与周围环境协调一致。

4.1.5 趣味性强

科普解说内容应注重增强趣味性，充分利用图文结合、互动体验等形式，实现寓教于乐的效果。

4.2 设置原则

4.2.1 环境友好

建设和运营过程中，选取受众容易发现，不影响通行的观察点，且避免对自然资源、自然景观、动植物栖息环境的破坏。

4.2.2 安全优先

充分考虑解说设施的安全性，避免危害或潜在威胁公众生命安全的不合理设计与设置。

5 分类

5.1 综合信息导览牌

5.1.1 综合信息导览牌应包括自然与人文环境简介、基地简介、游览时间、导览图、体验方式、应急救援、安全提示等内容，如有特定主题内容，还应介绍相关信息。

5.1.2 综合信息导览牌应采用图文展板型，并配与环境相协调的景观构筑物，综合信息导览牌与景观构筑物的关系参见附录 A。

5.1.3 综合信息导览牌中可通过附加二维码的方式，增加更多拓展信息。

5.2 主题知识点标识牌

5.2.1 主题知识点标识牌的内容应包含以下几点：

a）植物、动物、地质、地貌、土壤、水文等物种或环境因子的具体科普信息；

b）植被、种群、群落、生态系统、生态现象与生态过程等环境生态科学知识；

c）生态保护的意义、方法和历史变革等保护知识；

d）全球及区域环境问题、环境伦理道德和绿色生活方式等解说；

e）历史与人文信息（包括历史事件、人物、建筑、宗教、民族、法律等的科普知识）；

f）区域/步道的设计理念说明；

g）引导观察、体验、互动的设施使用说明；

h）二维码拓展信息，包括语音、视频等信息。

5.2.2 主题知识点标识牌的形式可结合解说目标灵活采用图文展板型标识、互动体验型装置等。互动体验型装置的样式与说明参见附录 B。

5.3 单体自然物标注牌

5.3.1 单体自然物标注牌的内容应包含以下几点：

a）动植物中文名、拉丁名及科属信息；

b）动物习性与特征、地域分布等信息；

c）植物生态特征、花果期、地域分布等信息；

d）二维码扩展信息。

5.3.2 单体自然物标注牌的形式可根据具体情况采用图文展板型或新媒体型。

6 设计与选址

6.1 内容要求

6.1.1 除综合信息导览牌之外，一张标识牌的信息总量以不超过 5 个话题内容为宜。

6.1.2 主题知识点标识牌如涉及社会热点、已经引起公众误解的话题，应解释事件的来龙去脉并告知正确答案。

示例：网络流传 80 个 PM2.5 粒子会堵死一个肺泡的说法系误读，在设置森林生态效应、空气治理、环境污染相关话题的标识牌时，应针对误读话题进行科学解释。

6.2 文案编写

6.2.1 文案结构包含主标题、引言导语、正文、延伸阅读和配图等框架，见图 1，主标题、正文、延伸内容是必不可少的结构。其所承载信息量应符合让大多数受众"3 秒阅读主标题""30 秒阅读正文""3 分钟阅读小贴士、配图插画、二维码信息等延伸阅读内容"的标准。

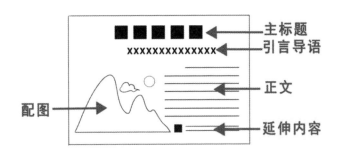

◀ 图 1 标识牌文案结构示意图

6.2.2 主标题应明确传达解说主题，不超过10个字；副标题不超过25字；正文宜50~200字。

6.2.3 应多使用短句和简短段落，每个段落控制在3~5个句子。

6.2.4 避免出现错误信息，包括物种名称与科属错误、信息引用出处错误、配图错误、视频链接错误、语法错误、版式与格式错误等。

6.2.5 针对儿童和青少年设置的标识牌应具有趣味性，对生僻名词、学术词汇、科学定义、科学原理和关系的解释应运用类比、举例、拟人等修辞手法来描述，生僻字可加拼音。

6.3 图文版式

6.3.1 采用图文展板型的主题知识点标识牌，其内容要素的排版形式应符合附录C的要求。

6.3.2 解说动植物的主题知识点标识牌、单体自然物标注牌，应包含动植物的中文名、拉丁学名及科属说明。

6.3.3 应图文并茂，配图宜使用实物照片或科学手绘插画；平面示意图的基础绘制要求应符合GB/T 31384—2015第6章中导向要素设计关于平面示意图的相关规定。

6.4 外观设计

6.4.1 标识牌与相关设施的设计原则应符合GB/T 15566.1的有关规定。

6.4.2 同一区域内，标识牌在材质、规格、式样、颜色等方面应和谐统一、风格相近。

6.4.3 标识牌展板边角避免出现直角、锐角等，互动装置等部件不可出现锋利的边角。

6.4.4 标识牌展板上印制科普信息的部分，宜设计可拆卸的机关，便于更新。

6.4.5 利用不同颜色标识解说对象的突出特征，红色代表濒危物种、橘红色代表有毒植物、蓝色代表常见植物（原生植物）、枣红色代表园艺栽培植物、桔黄色代表入侵植物、绿色代表国外引进植物。

6.5 材料与尺寸

6.5.1 综合信息导览牌尺寸应根据现场环境条件确定大小，以清晰展示信息、便于受众一眼辨识为原则。

6.5.2 高度低于150cm的展板型标识，展板的倾斜角度以与水平面45°夹角为宜，见图2。

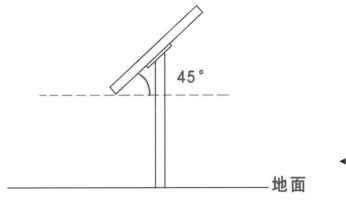

◀ 图 2 展板形式的标识牌展板倾斜角度示意图

6.5.3　综合信息导览牌高度应根据现场环境条件确定，以突出解说牌位置、清晰展示导览信息、便于受众阅读为原则。主题知识点解说牌高度以展板底边距地面 75～90cm 为宜；单体自然物标注牌依据具体情况设置合理高度；挂在树上的小型树牌不宜高于 170 cm，插在地被植物丛中的标识牌高度宜控制在 20～30cm。

6.5.4　展板材料宜选用环保、安全、耐用、阻燃、抗腐蚀、易于维护的材料，展板上可替换部分应选用美观、性价比高、易于更新的材料。

6.6　布点选址

6.6.1　综合信息导览牌应设置在出入口和主要交通节点。单体自然物标注牌应置于所介绍的自然物上或其旁边。

6.6.2　标识牌之间具有内容关联的应按照其逻辑关系进行布局，保证同一主题下的标识牌主次分明。

6.6.3　两个主题知识点标识牌之间的距离在平地环境中以 30～60m 为宜，在山地或林下间距以 15～40m 为宜。代表地方特色或反映某一重要主题的标识牌，密度可适当增加。

6.6.4　标识牌的设置位置应遵循以下要求：

a）设置于步道沿途路边，靠近解说对象；

b）对于脆弱及敏感的生物或环境资源，不宜设置标识牌；

c）在人流密集、空间局促的地点，不宜设置标识牌。

6.6.5　标识牌安置地点应选择地质稳定、坡度平缓、风速较小之处，应避开以下地方：

a）可能发生泥石流、洪水、大风等自然灾害的地方；

b）意外危险高发区；

c）易发生人为事故的地方；

d）阳光暴晒的位置；

e）地势低洼，容易淹没的地方。

7 安装与管理

7.1 安装方式

7.1.1 带有基座的标识牌，基座不宜使用混凝土浇筑加固。

7.1.2 不带基座、附着于自然物表面的标识牌，应采用悬挂、捆绑、直接放置的安装方式。

7.2 维护与更新

7.2.1 有专人负责定期清洁、更换褪色展板，发现锈蚀、油漆脱落、龟裂、风化等现象及时进行修复更新。

7.2.2 应根据资源和环境变化及时更新解说内容。

7.2.3 应建立新媒体科普信息数据库，实时将解说信息统一汇总并定期纠错或扩充更新。

Ⅲ《自然教育基地评定导则》

1 范围

本标准规定了自然教育基地评定的条件和程序等。

本标准适用于全国自然教育基地的评定。

2 术语与定义

下列术语和定义适用于本文件。

2.1 自然教育 nature education

在自然中学习体验关于自然的知识和规律，建立人与自然的联结，培养人们尊重自然、顺应自然和保护自然的生态观，以期实现人与自然的和谐发展。

2.2 自然教育基地 nature education base

具有一定面积的自然场地，配套有开展自然教育活动的设施及人员，且能够提供多种形式自然教育课程的场所。

3 评定条件

3.1 主体明确

申报单位具有法人资格或受法人委托，能独立或联合开展自然教育工作。

3.2 权属清晰

基地产权或使用权明确、边界清楚，能够作为自然教育基地长期使用。

3.3 管理保障

3.3.1 运营能力

有完善的管理制度，各项制度实施效果良好；有年度工作计划；运营时间不少于100天/年。

3.3.2 安全保障

有完善的安全制度，有应对突发事件、极端天气和重大事故等的安全预案；有逃生通道和应急避难场所；在基地明显位置张贴安全须知，设置安全警示标识，活动前针对参与者进行安全宣导；每次活动配备至少1名安全员，安全员定期接受培训；配备急救包和急救员，急救员定期接受培训，有简单处理突发伤病的能力，熟悉基地周边的医疗资源，保障伤者及时转送医院。

3.4 环境及资源良好

3.4.1 基地面积

山区基地面积不小于$100hm^2$；平原基地面积不小于$10hm^2$，城区基地面积不小于$3hm^2$。

3.4.2 自然环境

基地自然环境良好，生物多样性丰富或植被具有典型性；以地带性植被为主，长势良好，年龄结构合理；山区森林覆盖率不低于40%，平原林木绿化率不低于45%。周边2km范围内不存在大气、水源、土壤、噪声等固定污染源以及地质灾害等安全隐患。

3.4.3 周边资源

基地周边存在可利用的其他自然资源和人文资源丰富，且有利于设计和开发多种自然教育课程。

3.5 设施完备

3.5.1 室内场所设施

有功能分区合理，面积不低于$100m^2$的室内活动场所。包括但不限于自然体验馆、自然教室、自然创意坊等体验型场所，标本馆、博物馆等展示型场所，游客中心、纪念品商店等服务型场所。

3.5.2 室外活动设施

有分区合理，功能完善，安全便捷的室外活动设施。包括但不限于生态科普设施、互动体验设施、休闲疗养设施、景观欣赏设施、健身拓展设施等。

3.5.3 解说系统设施

有科学准确、通俗易懂、与环境充分融合的各种解说设施。包括但不限于印刷品、网站、公众号、解说牌、科普长廊等。

3.6 人员齐备

3.6.1 管理团队

团队人员不少于 3 人，结构合理，岗位分工明确，有专门负责或分管自然教育的责任人；能够承担基地日常运行、后勤保障、安全保障、宣传推广等工作。

3.6.2 解说员团队

团队人员不少于 3 人，均接受过专业学习或专业机构的培训；能完成课程组织带领等工作，确保各项自然教育设施的正常运转和课程活动的有效开展；每年接受不少于 30 学时的员工能力培训和安全培训。

3.7 课程多样

3.7.1 课程开发

拥有专职课程开发团队或聘请外部机构进行课程开发，课程定期更新和优化升级。

3.7.2 课程类型数量

课程类型多样，数量不少于 5 项，其中至少有 1 项基地特色课程。

4 评定程序

4.1 申报

申报单位对照评定导则和相关通知要求，向各省（自治区、直辖市）林学会提出申请，提交《自然教育基地申请书》《自然教育基地基本信息表》（见附录 B）及相关证明材料。《自然教育基地申请书》包括但不限于以下内容：

——基地管理概况

• 主体资格

• 权属

- 运营能力
- 安全保障

——资源与环境概况

- 基地面积
- 自然环境
- 周边资源

——体验设施概况

- 室内场所设施
- 室外活动设施
- 解说系统设施

——教育团队概况

- 管理团队
- 解说员团队

——体验课程概况

- 课程开发
- 课程类型数量

相关证明材料包括但不限于以下内容：

——申报单位相关资质证明

——土地权属证明

——基地运营管理制度、安全制度、应急预案

——基地发展规划和年度管理计划

——基地自然资源本底材料

——基地设施规划图和现状照片

——团队人员学历、培训证书等复印件

——自然教育相关出版物

——自然教育课程介绍、活动照片、图文报道等

4.2 审查

4.2.1 材料审查

评定机构对申报单位提交的《自然教育基地申请书》《自然教育基地基本信息表》及相关证明材料进行资料审查，评定申报单位的主体资格、权属情况、基地面积、运营能力、安全保障（制度部分）、管理团队、解说员团队、课程开发、课程类型数

量是否符合评定要求。符合评定要求的申报单位进入现场审查，不符合评定要求的申报单位申报终止。

4.2.2 现场审查

评定申报单位的自然环境、周边资源、安全保障（现场部分）、体验设施等是否符合评定要求。

4.3 结果评定

由中国林学会组织专家团队进行自然教育基地最终评定，《自然教育基地评定表》中的各项指标均通过视为评定通过，通过评定的基地由中国林学会进行命名授牌。

5 复核

基地需每年提交年度工作报告给评定机构，评定机构对基地提交的年度工作报告进行复核。

5.1 取消资格

未提交年度工作报告，复核不符合评定导则要求，取消基地资格。

5.2 不予申报

基地运营期间出现不良记录，将取消基地资格，且5年内不予再次申报。

附录A

（规范性附录）

附表2　自然教育基地评定表

认定项目		项目指标	认定结果
基地管理	主体明确	申报单位具有法人资格或受法人委托，能独立或联合开展自然教育工作	□通过 □不通过
	权属清晰	基地产权或使用权明确、边界清楚，能够作为自然教育基地长期使用	□通过 □不通过
	运营能力	有完善的管理制度，各项制度实施效果良好；有年度工作计划；运营时间不少于100天/年	□通过 □不通过
	安全保障	有完善的安全制度，有应对突发事件、极端天气和重大事故等的安全预案； 有逃生通道和应急避难场所； 在基地明显位置张贴安全须知，设置安全警示标识，活动前针对参与者进行安全宣导； 每次活动配备至少1名安全员，安全员定期接受培训； 配备急救包和急救员，急救员定期接受培训，有简单处理突发伤病的能力，熟悉基地周边的医疗资源，保障伤者及时转送医院	□通过 □不通过

（续表）

认定项目		项目指标	认定结果
资源与环境	基地面积	山区基地面积不少于 100hm²；平原基地面积应不少于 10hm²，城区基地面积应不少于 3hm²	□通过 □不通过
	自然环境	自然环境良好，生物多样性丰富或植被具有典型性；以地带性植被为主，长势良好，年龄结构合理；山区森林覆盖率不低于 40%，平原林木绿化率不低于 45%；周边 2km 范围内不存在大气、水源、土壤、噪声等固定污染源以及地质灾害等安全隐患	□通过 □不通过
	周边资源	周边存在可利用的其他自然资源和人文资源	□通过 □不通过
体验设施	室内场所设施	有功能分区合理，面积不低于 100m² 的室内活动场所。包括但不限于自然体验馆、自然教室、自然创意坊等体验型场所，标本馆、博物馆等展示型场所，游客中心、纪念品商店等服务型场所	□通过 □不通过
	室外活动设施	有分区合理，功能完善，安全便捷的室外活动设施。包括但不限于生态科普设施、互动体验设施、休闲疗养设施、景观欣赏设施、健身拓展设施等	□通过 □不通过
	解说系统设施	有科学准确，通俗易懂，与环境充分融合的各种解说设施。包括但不限于印刷品、网站、公众号、解说牌、科普长廊等	□通过 □不通过
教育团队	管理团队	团队人员不少于 3 人，岗位分工明确，有专门负责或分管自然教育的责任人；能够承担基地日常运行、安全保障、宣传推广等工作，确保各项体验教育设施的正常运转	□通过 □不通过
	讲解员团队	有稳定、专业的自然讲解员团队，人数不少于 3 人，均接受过专业学习或专业机构的培训，确保课程活动的有效开展，每年接受不少于 30 学时的员工能力培训和安全培训	□通过 □不通过
体验课程	课程开发	有专职课程开发团队或聘请外部机构进行课程开发，课程定期更新和优化升级	□通过 □不通过
	课程类型数量	课程类型多样，数量不少于 5 项，其中至少有 1 项基地特色课程	□通过 □不通过
认定结论		□通过　　□不通过	

4.《自然教育基地建设导则（送审稿）》

1　范围

本标准规定了自然教育基地建设原则、主要功能类型与要求、地址选择要求、资源调查、功能定位、设施与道路建设以及运营与管理等内容。

本标准适用于自然教育基地建设。

2 规范性引用文件

下列文件对于本文件的应用是必不可少的。凡是注日期的引用文件，仅所注日期的版本适用于本文件。凡是不注日期的引用文件，其最新版本（包括所有的修改单）适用于本文件。

GB/T 18972 旅游资源分类、调查与评价

GB/T 18973 旅游厕所质量等级的划分与评定

GB/T 20416 自然保护区生态旅游规划技术规程

GB/T 26424 森林资源规划设计调查技术规程

GB 2893 安全色

JGJ62 旅馆建设设计规范

JGJ64 饮食建筑设计规范

LB/T 014 旅游景区讲解服务规范

LY/T 5132 森林公园总体设计规范

DB11/T 632 古树名木保护复壮技术规程

DB11/T 842 近自然森林经营技术规程

3 术语和定义

下列术语和定义适用于本文件。

3.1 自然教育基地 natural education base

具有一定面积的自然场地，配套有开展自然教育活动的设施及人员，且能够提供多种形式自然教育课程的场所。

3.2 自然体验 natural experience

在自然环境中通过视、听、闻、触、尝、思等方式，欣赏、感知、了解和享受自然。

3.3 自然观察径 natural observation path

以观察、体验、教育为主要目的，结合一定设施，供体验者了解和学习自然的路径。

3.4 自然讲解员 nature interpreter

运用生动、科学的语言和恰当的表达技巧，为体验者组织、安排体验事项，提供向导和讲解，通过引导人们对森林、自然、文化等方面的理解，激发其产生兴趣，

从而传递自然知识的人员。

4 建设原则

4.1 保护优先

注重自然资源、自然环境的保护，建设和运营过程中不破坏自然资源、自然景观和保护对象的生长栖息环境，不造成环境污染。

4.2 文化主导

挖掘当地文化，基地建设应充分体现当地的人文、地理等特征。

4.3 低碳节能

基地建设材料以木、石为主，使用本地环保的建筑材料和清洁能源，突出自然风格。

4.4 互动体验

参与者主要通过互动、体验的方式参与自然教育活动。

5 基地地址选择要求

5.1 权属清晰，能够作为自然教育基地长期使用。

5.2 具有独立的管理和运营机构。

5.3 符合地方发展规划建设要求。

5.4 公共交通能够到达，距离干线公路不超过10km，通信信号能够覆盖。

5.5 自然环境良好，生态系统健康，生物多样性丰富或具有典型性。

6 基地资源调查

6.1 调查内容

6.1.1 自然资源

包括地形、地貌、水、空气、土壤、森林、草原、野生生物、各种矿物和能源等。

6.1.2 人文资源

包括文物古迹、历史文化、民族文化等。

6.1.3 其他资源

包括周边人口密度、周边人均收入、交通便利性等周边环境；科普教育、法治宣传、休闲健身、景观欣赏、文化娱乐、节庆活动等活动资源；道路、场馆场地、户外展项、餐饮住宿、通讯等基础设施；接待公众参观的引导人员数量、管理机构和人员对基地的运营管理能力；以及基地在世界、全国、省市的知名度和宣传途径。

6.2 调查方法

调查方法按照 GB/T 18972、GB/T 26424 执行。

7 主要功能定位与建设要求

7.1 科普教育

7.1.1 可达性强、地势平坦的区域。

7.1.2 资源类型多样，生物多样性高，满足学习和了解知识的需求。

7.1.3 具有步道、自然观察径、室内教室、解说牌等设施。

7.2 休闲娱乐

7.2.1 空间开阔、安全性高的区域，能开展游戏、攀登、露营等休闲娱乐性活动。

7.2.2 具有森林大舞台、秋千、滑梯等游憩设施。

7.3 景观欣赏

7.3.1 森林季相变化丰富，观花、观叶等植物多，森林面积大的区域；或单一资源，特点突出，能够形成独特景观。

7.3.2 具备观景台、观景步道、座椅等设施设备。

7.4 历史人文

7.4.1 民俗、宗教、历史遗迹等人文文化集中的区域。

7.4.2 具有功能性解说牌、展板等设施。

8 森林功能调整

8.1 科普教育类

针对建设区域需求，以丰富乡土树种为主，通过疏伐、补植等森林抚育经营措施，选择富有观赏、科普、文化价值的森林植物，通过乔、灌、草的配置形成健康稳定的森林生态系统，提高和维护生物多样性。对林中野生动物和鸟类栖息地、特色林木及特殊的枯立木应采取必要的保护措施。具体抚育经营措施按照 DB11/T 842 执行。

8.2 休闲娱乐类

通过在道路两侧设置必要的防护设施、清除对人体有不适感、不愉快感及致敏的植物及其根茎，以及适当开辟林下游憩场地等措施，保护林木，改善游憩场地通风透光、平整无碍等适宜休闲娱乐活动的环境条件。

8.3 景观欣赏类

通过适当疏伐和增加观花、观叶、观果树种等抚育经营措施，突出植物的色彩、体态、形状和气味等特点，形成森林树冠层次分明、植物色彩丰富、森林景观多样、季相变化鲜明的森林生态系统。

8.4 历史人文类

开展古树名木保护，通过对树势衰弱古树采取保护和复壮的措施，增强古树的生长势与活力，延长古树寿命。古树复壮措施按照 DB11/T 632 执行；对于历史人文遗存周边的森林，做好防火、防虫等工作，建防火带；人流活动密集的道路两侧割除易着火的杂灌，清理枯枝落叶；林间剩余物粉碎后用于植物肥料、活动场所或步道。

9 设施与道路建设

9.1 设施类型

自然教育基地设施按功能分为 4 类，如附表 3 所示。

附表 3 森林文化基地设施种类

类别	设施种类
室内设施	包括但不限于森林体验馆、森林博物馆、标本馆、图书资料馆、森林创意坊、森林教室等
室外设施	包括但不限于自然观察径、活动平台、露营地、步道、攀岩设施、观景台、休闲座椅、树屋、秋千、滑梯等
解说设施	包括但不限于指示牌、标识牌、解说牌等
服务设施	包括但不限于游客中心、避难所、停车场、休闲餐厅、无障碍设施等服务设施；污水处理系统、卫生间、饮水台、垃圾桶等卫生设施；电气设施、电话设施、网络以及手机中继器、广播音响设施等电器、通讯设施；围栏、护坡、监控摄像头、火险报警器、安全警示灯等安全、应急设施

9.2 其他设施

其他设施包括住宿、餐饮、卫生、解说、电气、通讯、安全等设施，其中：
住宿设施按照 JGJ62 执行；
餐饮设施按照 JGJ64 执行；
卫生设施按照 GB/T 18973 执行；

解说设施按照 GB 2893 执行；

电气、通讯、安全等设施按照 LY/T 5132 和 GB/T 20416 执行。

9.3 道路系统

基地路网密度应在 40 ~ 100m/hm^2 之间，路面应选用当地的石材、碎沙、木材、树叶等自然的材料。不同道路的修建要求如附表 4 所示。

附表 4 道路系统建设

道路分类		道路功能	建设要求
干线		自然教育基地与外部公路之间的连接路以及基地内的环行主路	宽度宜按 5.0 ~ 7.0m 进行设计，其纵坡不应大于 9%，平曲线最小半径不应小于 30m
支线		自然教育基地内通往各功能分区、景区的道路	宽度宜按 3.0 ~ 5.0m 进行设计，其纵坡不应大于 13%，平曲线最小半径不应小于 15m
林道	登山路	用于爬山、观景、健身，设计不同长度的环形步道，供登山者选择，适合年轻人使用	宽度 0.6 ~ 1.5m，两侧缓冲带宽度不小于 20cm；踏步宽度不宜小于 30cm，踏步高度不宜大于 16cm；路面以原地土石道为主要道路类型
	散步路	用于休闲、放松，宜环湖、环水库、沿溪流修建，能满足老年、小孩、残疾人士使用	宽度不宜小于 1.5m；路面坡度不大于 1:12，软质铺装，不设台阶；难以通行的路段使用木栈道
	自然观察径	用于体验、学习、观察等	宽度不宜小于 1.5m，软质铺装，陡峭的地段使用木栈道降低通行难度。踏步高度不应大于 0.15m，踏步宽度不应小于 0.26m，在踏步面前缘宜作防滑处理，栏杆高度不宜小于 1.05m，扶手高度不应大于 0.60m，宜修建在林分类型多样，生物多样性丰富，儿童容易到达的地方
	骑行道	用于林间骑行	宽度不宜小于 2.5m，转弯半径至少 4m，材质可选沥青柏油、透水砖

10 运营与管理

10.1 自然解说人员配备和志愿者招募

自然教育基地应配备自然解说专业人员，为游客提供自然解说工作。自然解说服务规范按照 LB/T 014 执行。招募退休人员、学生、社会公众等志愿者，协助设计、组织自然教育活动。每个基地需有相对固定的志愿服务团队。

10.2 自然教育产业开发

10.2.1 课程开发

自然教育基地结合地域资源特色，针对不同的群体和不同的时长，开发不同的自然教育课程,课程不低于3套。内容包括学习生态系统、生物多样性等知识,以及开展自然游戏、手工制作等活动。

10.2.2 特色餐饮开发

充分利用当地自然资源中的山野菜配制营养餐,达到美味可口、营养丰富,有利于身体健康的效果。

10.2.3 策划创意活动

结合当地的民俗风情、历史遗址及特色产品等,以音乐、舞蹈、摄影、绘画、节庆、展会等形式开展丰富的自然教育活动。

10.2.4 创意产品开发

充分利用当地资源,利用自然材料,通过创意设计,制作文化创意产品;将森林中的中草药、果品等土特产,通过创意设计,推广出去;开发具有当地人文、自然特性和纪念价值的自然教育纪念品。

10.3 基地管理

自然教育基地具有固定的管理机构和人员,负责自然教育基地的咨询、预约、活动设计、设施维护、游客管理等。优先培训和使用当地社区人员参与基地的运营管理,促进社区发展。与学校、环保社团、科普协会等机构建立长期合作关系,定期组织自然教育活动,提高基地设施的利用效率。